妖怪は今でもいる!?

もしものときの妖怪たいさくマニュアル

海や水辺にあらわれる妖怪

現代人《げんだいじん》も妖怪《ようかい》を目撃《もくげき》している!?

昔《むかし》の人《ひと》は、たくさんの妖怪《ようかい》を今《いま》に伝《つた》えている。

その数《かず》は正確《せいかく》には分《わ》からないものの、名前《なまえ》だけを集《あつ》めてみたかぎりでは、数千《すうせん》という数《かず》になる。

さらに、妖怪《ようかい》の目撃談《もくげきだん》となると、どのくらいあるのか見当《けんとう》もつかないほど、無数《むすう》にあるんだ。

それにしても、そんなにたくさんの話《はなし》があるのに、どうして現代《げんだい》はあまり妖怪《ようかい》の話《はなし》を聞《き》かないんだろう——。

そんな疑問《ぎもん》を持《も》つ人《ひと》は、多《おお》いはずだ。

妖怪《ようかい》は、絶滅《ぜつめつ》してしまったのだろうか?

たしかに、妖怪《ようかい》の話《はなし》が多《おお》く残《のこ》る江戸時代《えどじだい》〜昭和《しょうわ》のはじめごろと現代《げんだい》とでは、人間《にんげん》の生活環境《せいかつかんきょう》がまったくちがうので、消《き》えてしまった妖怪《ようかい》もいることだろう。

でも、妖怪《ようかい》の一部《いちぶ》は、今《いま》でもひっそりと、かくれすんでいる。

そして、ときおり、人前《ひとまえ》に姿《すがた》をあらわしている。

現代人《げんだいじん》であるわれわれは、それが妖怪《ようかい》だとは気《き》がつかないだけなんだ。

たとえば——。

人間《にんげん》の赤《あか》ん坊《ぼう》のようなあやしいものを、川《かわ》で見《み》た人《ひと》がいる。

ふつうなら、気《き》のせいや見《み》まちがいですましてしまうし、オカルトじみた見方《みかた》をすれば、赤《あか》ん坊《ぼう》の幽霊《ゆうれい》だなんて思《おも》ってしまう。

でも、それは河童《かっぱ》かもしれない。

また、雪山《ゆきやま》で赤《あか》ん坊《ぼう》を抱《だ》いた女《おんな》の幽霊《ゆうれい》を見《み》た人《ひと》がいる。

今《いま》ならただの幽霊《ゆうれい》で片付《かたづ》けられてしまうけれど、昔《むかし》なら雪女《ゆきおんな》とよばれていたにちがいない。

結局《けっきょく》、あやしいものに対《たい》する見方《みかた》が昔《むかし》の人《ひと》とはちがうだけで、現代人《げんだいじん》も妖怪《ようかい》を目撃《もくげき》しているんだよ。

この本《ほん》では、そんな現代《げんだい》の妖怪目撃談《ようかいもくげきだん》のうち、海《うみ》や水辺《みずべ》での話《はなし》を集《あつ》めてみた。

昔《むかし》からのいい伝《つた》えをヒントに、妖怪《ようかい》に出会《であ》ってしまったときの対処法《たいしょほう》も解説《かいせつ》したので、なんとなくでいいから、覚《おぼ》えておこう。

もしものとき、きっと役《やく》に立《た》つはずだ!

妖怪探訪家　村上健司

もくじ

河童《かっぱ》

水辺《みずべ》にあらわれる子《こ》どものような姿《すがた》をした妖怪《ようかい》・河童《かっぱ》。
全国各地《ぜんこくかくち》に、民話《みんわ》として語《かた》られているけれど、
今《いま》もどこかにひそんでいるかもしれないんだ！

河童

かっぱ

ケース1　Aさんの体験談《たいけんだん》

温泉《おんせん》めぐりを趣味《しゅみ》にしているAさんという男性《だんせい》が、数年前《すうねんまえ》の夏《なつ》、東北《とうほく》に出《で》かけたときの話《はなし》だよ。

それは、山《やま》の中《なか》の一軒宿《いっけんやど》でのこと。

Aさんは、川《かわ》ぞいの露天風呂《ろてんぶろ》で、一人《ひとり》のんびりとお湯《ゆ》につかっていた。

日《ひ》が落《お》ちはじめてきたので、そろそろ出《で》ようかと、ふと川《かわ》に視線《しせん》を向《む》けると……。

そこに、ギョッとするものがあった。

それは、はだかの赤《あか》ちゃん！

二歳児《にさいじ》くらいの赤《あか》ん坊《ぼう》が、川《かわ》のまん中《なか》で、腰《こし》まで水《みず》につかりながらすわっていたんだ！

すぐに助《たす》けなくちゃと思《おも》ったＡさんだったけれど……。

川遊《かわあそ》びなら、まわりに親《おや》がいるはずなのに、だれもいない。

かといって、赤《あか》ん坊《ぼう》が一人《ひとり》でそこに行《い》ったとは思《おも》えない。

そもそも、数秒前《すうびょうまえ》まで、そこにはなにもいなかった。

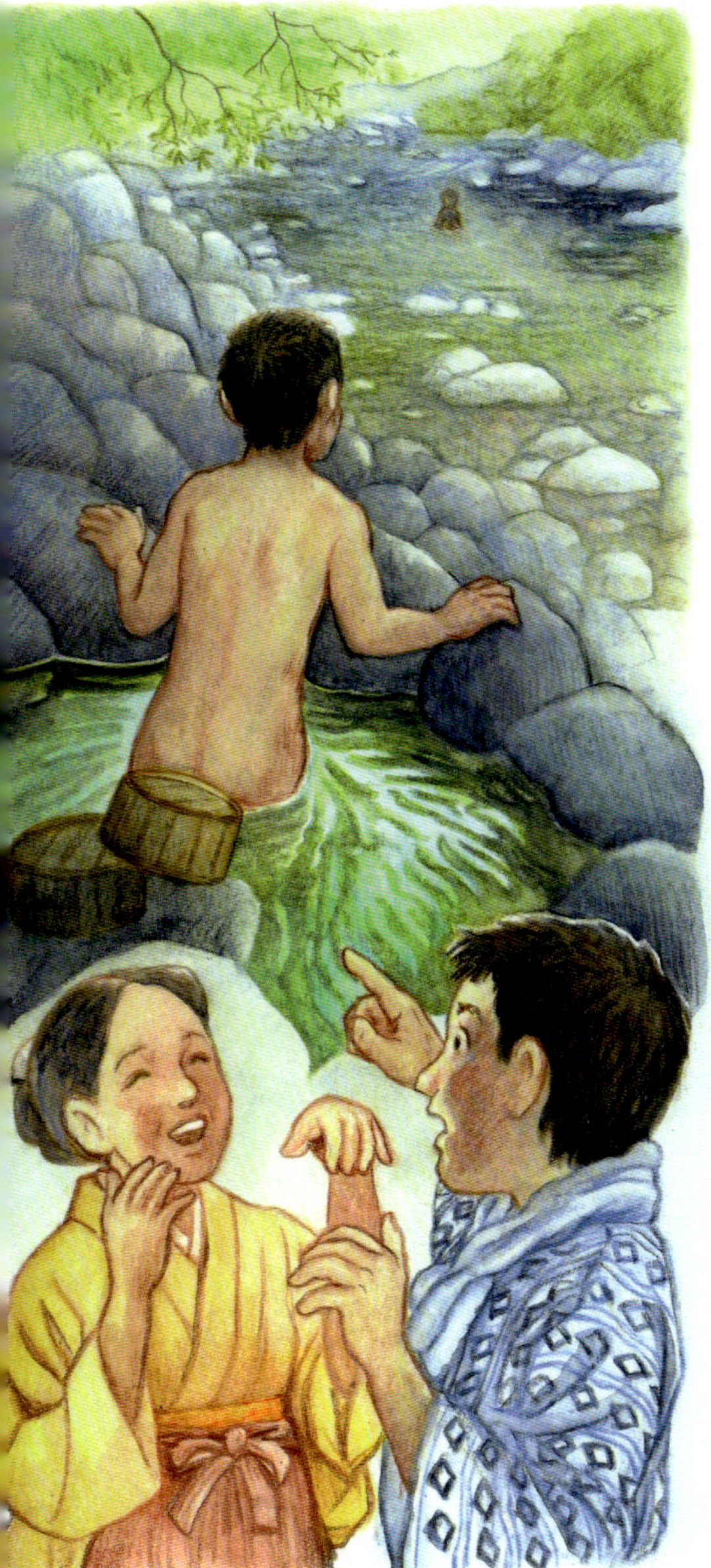

急《きゅう》な流《なが》れの川《かわ》にいるのに、ちっともこわがっていないのも変《へん》だ……。

そんなことを考《かんが》えているうち、赤《あか》ん坊《ぼう》は腹《はら》ばいになり、川上《かわかみ》に向《む》かってパッともぐってしまった。

これは人間《にんげん》ではない。

服《ふく》を着《き》て、あわてて宿《やど》の人《ひと》に話《はなし》をした。

すると、

「そりゃあ河童《かっぱ》だよ、ハハハ」

なんて、なぜか笑《わら》われてしまったそうだ。

そのときのことを、思《おも》い出《だ》しながら語《かた》るAさん。

「河童《かっぱ》って、蛙《かえる》みたいな妖怪《ようかい》でしょう? ぼくが見《み》たのは、本当《ほんとう》に人《にん》間《げん》の赤《あか》ちゃんみたいなものだったんですよ……」

と、今《いま》でもその正体《しょうたい》が気《き》になってしょうがないそうだ。

河童《かっぱ》ってどんな妖怪《ようかい》？

河《かわ》の童《わらべ》という名前《なまえ》のとおり、河童《かっぱ》は人間《にんげん》の子《こ》どもほどの大《おお》きさで、よく水《みず》辺《べ》にあらわれては、人《ひと》や家畜《かちく》を水中《すいちゅう》に引《ひ》きずりこもうとする妖怪《ようかい》だ。

一般的《いっぱんてき》には、頭《あたま》のてっぺんにお皿《さら》があって、背中《せなか》に甲羅《こうら》を背負《せお》った緑色《みどりいろ》の姿《すがた》がイメージされている。でも、本当《ほんとう》は土地《とち》ごとに特徴《とくちょう》があって、名前《なまえ》もちがうんだよ。

山梨県《やまなしけん》の道志村《どうしむら》ではカンチキとよんでいて、烏天狗《からすてんぐ》のような顔《かお》で背中《せなか》に甲《こう》羅《ら》がある。凶暴《きょうぼう》で、川《かわ》に近《ちか》づく人《ひと》をおぼれさせるんだ。

北陸地方《ほくりくちほう》の河童《かっぱ》は、カワソとかカブソといって、川獺《かわうそ》のような姿《すがた》をしている。よく子《こ》どもや若《わか》い娘《むすめ》に化《ば》けて、人間《にんげん》をからかうんだって。

このほか、甲羅《こうら》のある亀《かめ》・スッポンタイプや、甲羅《こうら》はなく、全身《ぜんしん》に毛《け》が生《は》えた獣《けもの》タイプがあって、頭《あたま》の皿《さら》はあったりなかったりする。

人間《にんげん》の赤《あか》ん坊《ぼう》に似《に》た河童《かっぱ》もいるから、Aさんが見《み》たのも河童《かっぱ》だろう！

もしもにそなえて覚《おぼ》えておこう！

妖怪《ようかい》データと対策《たいさく》

河童《かっぱ》

出没度《しゅつぼつど》	50
出没地域《しゅつぼつちいき》の広《ひろ》さ	50
姿《すがた》の見《み》えやすさ	40
攻撃性《こうげきせい》	50
友好度《ゆうこうど》	20
対策難易度《たいさくなんいど》	40

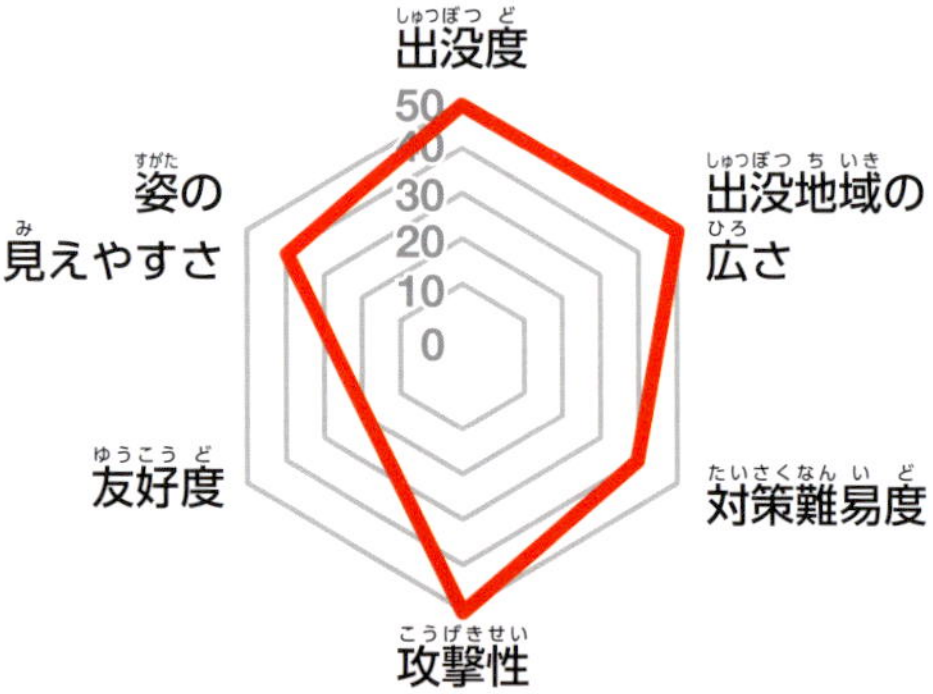

特徴《とくちょう》

別名《べつめい》　エンコウ（広島県《ひろしまけん》、山口県《やまぐちけん》、高知県《こうちけん》）、ガータロ（長崎県《ながさきけん》）、コウラボシ（和歌山県《わかやまけん》）、ヒョウスベ（宮崎県《みやざきけん》）、メドチ（青森県《あおもりけん》）などたくさん。

姿《すがた》の特徴《とくちょう》　人間《にんげん》の子《こ》どもくらいの大《おお》きさで、頭《あたま》はおかっぱ、亀《かめ》のような甲羅《こうら》を背負《せお》い、手足《てあし》には水《みず》かきがある。猿《さる》、川獺《かわうそ》、スッポンみたいなものもいる。

ふるまい　イタズラが大好《だいす》き。人間《にんげん》をおそって尻子玉《しりこだま》（想像上《そうぞうじょう》の内臓《ないぞう》）を抜《ぬ》く。牛馬《ぎゅうば》を水《みず》に引《ひ》きこむ。人《ひと》に取《と》りついて病気《びょうき》にするなど、いろいろ悪《わる》さをする。

出没場所《しゅつぼつばしょ》・時間《じかん》

出没地域《しゅつぼつちいき》　北海道《ほっかいどう》から沖縄《おきなわ》まで全国《ぜんこく》に出没《しゅつぼつ》。

出没場所《しゅつぼつばしょ》　川《かわ》や池《いけ》、湖《みずうみ》のほか、海《うみ》にもあらわれる。

出没時間《しゅつぼつじかん》　昼《ひる》も夜《よる》もなく活動《かつどう》している。

対策《たいさく》はこれだ!!

◎金物《かなもの》やお守《も》りで撃退《げきたい》！　昔《むかし》の人《ひと》は、河童《かっぱ》と出会《であ》わないようにするため、いろいろと知恵《ちえ》をしぼってきた。その一《ひと》つとして、河童《かっぱ》がきらいなものを利用《りよう》する方法《ほうほう》がある。たとえば、金物《かなもの》や水神様《すいじんさま》のお守《も》りを身《み》に着《つ》けていると、河童《かっぱ》におそわれないという。それから、仏壇《ぶつだん》に一度《いちど》お供《そな》えしたご飯《はん》を食《た》べると、河童《かっぱ》はこわがって逃《に》げていくそうだ。

◎一番《いちばん》いい対策《たいさく》とは？　単純《たんじゅん》なことだけれど、川《かわ》や海《うみ》では、おぼれるような深《ふか》いところに行《い》かないことだ。安全《あんぜん》な場所《ばしょ》で遊《あそ》んでいれば、河童《かっぱ》もなかなか手《て》を出《だ》せないみたいだよ！

有効《ゆうこう》なアイテム

キュウリ　夏野菜《なつやさい》のキュウリは河童《かっぱ》の大好物《だいこうぶつ》。夏《なつ》に水遊《みずあそ》びするとき、キュウリを水辺《みずべ》におそなえして、河童《かっぱ》のきげんを取《と》れば、おそわれないですむかもしれないよ！

河童《かっぱ》も恩返《おんがえ》しをする!?

水遊《みずあそ》びをする子《こ》どもをおぼれさせたり、気《き》にくわない人《ひと》に取《と》りついて病気《びょうき》にしたりと、河童《かっぱ》は人間《にんげん》に害《がい》のある悪《わる》さばかりする。

でも、助《たす》けてあげると、恩返《おんがえ》しをする義理《ぎり》がたい性質《せいしつ》もあるんだよ。

東京《とうきょう》の浅草《あさくさ》近《ちか》くにある合羽橋道具街《かっぱばしどうぐがい》という商店街《しょうてんがい》には、こんな河童《かっぱ》の話《はなし》が伝《つた》わる。

昔《むかし》、浅草《あさくさ》に雨合羽《あまがっぱ》を売《う》る喜八《きはち》という人《ひと》がいて、あるとき、隅田川《すみだがわ》で河童《かっぱ》の子《こ》どもを助《たす》けてあげたことがあった。

その後《ご》、喜八《きはち》が自分《じぶん》のお金《かね》で浅草《あさくさ》の水《みず》はけをよくする工事《こうじ》をはじめると、夜《よ》な夜《よ》な河童《かっぱ》たちがあらわれて、工事《こうじ》の手伝《てつだ》いをした——ということなんだ。

そのときの河童《かっぱ》を神《かみ》さまとして祀《まつ》ったお堂《どう》が、今《いま》も台東区《たいとうく》松《まつ》が谷《や》の曹源寺《そうげんじ》という寺《てら》にあるし、合羽橋道具街《かっぱばしどうぐがい》には、伝説《でんせつ》にちなんだ河童《かっぱ》の像《ぞう》があるんだよ。

合羽橋道具街《かっぱばしどうぐがい》のシンボル・かっぱ河太郎《がわたろう》の像《ぞう》。なぜか金色《きんいろ》でピカピカしている。近《ちか》くには河童《かっぱ》を祀《まつ》った河童堂《かっぱどう》のある曹源寺《そうげんじ》もあるよ。

磯女《いそおんな》

海《うみ》にあらわれる妖怪《ようかい》はいくつもいるけれど、磯《いそ》という場所《ばしょ》にかぎって出現《しゅつげん》する妖怪《ようかい》がいるんだって！

もしも出会《であ》ってしまったら、どうなってしまうんだろう！

磯女

いそおんな

ケース2　関東《かんとう》に住《す》むBさんの体験談《たいけんだん》

釣《つ》りが好《す》きな、Bさんという男性《だんせい》が体験《たいけん》した話《はなし》だよ。
今《いま》から十年前《じゅうねんまえ》の夏《なつ》、Bさんは会社《かいしゃ》の先輩《せんぱい》と、夜釣《よづ》りに出かけたという。
場所《ばしょ》は、関東《かんとう》のとある海《うみ》の磯《いそ》。
夕方《ゆうがた》には磯《いそ》について、日没《にちぼつ》とともに釣《つ》りをスタート。
最初《さいしょ》から大物《おおもの》が釣《つ》れまくりで、二人《ふたり》は大《だい》よろこび。
魚《さかな》をしまおうと、Bさんはヘッドライトをつけた。すると、向《む》かいの
岩場《いわば》が照《て》らされて、そこに人影《ひとかげ》が見《み》えた。
それは白《しろ》っぽいコートを着《き》た女《おんな》。

十《じゅう》メートルは離《はな》れていたけれど、全身《ぜんしん》ずぶ濡《ぬ》れで、長《なが》い髪《かみ》の毛《け》が、コートに張《は》りついているのがはっきりと見《み》える。

Bさんは、うっかり海《うみ》に落《お》ちてはいあがった人《ひと》だと思《おも》ったので、心配《しんぱい》して声《こえ》をかけた。

「だいじょうぶか!?」

そうさけんで、一歩前《いっぽまえ》に出《で》ようとしたその瞬間《しゅんかん》！

「あぶないっ」

という声《こえ》とともに、腕《うで》をがっしりつかまれた。

じつはBさん、海《うみ》に向《む》かって歩《ある》こうとしていたんだ。

先輩《せんぱい》が助《たす》けてくれなければ、海《うみ》に真《ま》っ逆《さか》さま。

とてもけがだけではすまなかった。

気《き》がつけば女《おんな》の姿《すがた》はなく、岩場《いわば》に波《なみ》が打《う》ちつけるだけだったという。

「考《かんが》えてみれば、真夏《まなつ》の夜《よる》の磯《いそ》にコート姿《すがた》なんて、おかしいですよね。

幽霊《ゆうれい》だったんでしょうかね……」

そんな思《おも》い出《で》を語《かた》るBさん。

結局《けっきょく》、そのときの夜釣《よづ》りはどうなったかというと、話《はなし》を聞《き》いた先輩《せんぱい》も気味悪《きみわる》がったので、二人《ふたり》ともすぐに釣《つ》りをやめて、トボトボと帰《かえ》ったんだって。

磯女《いそおんな》ってどんな妖怪《ようかい》？

全身《ぜんしん》ずぶ濡《ぬ》れになって磯《いそ》に出現《しゅつげん》する女《おんな》の妖怪《ようかい》を、九州地方《きゅうしゅうちほう》では磯女《いそおんな》とか磯《いそ》女子《おなご》とよび、愛媛県《えひめけん》の方《ほう》では、濡《ぬ》れ女子《おなご》なんてよんでいた。

下半身《かはんしん》が蛇《へび》のようになっているものや、赤《あか》ん坊《ぼう》をだいてあらわれることもあるけれど、だいたいは、長《なが》い黒髪《くろかみ》を持《も》った若《わか》い美女《びじょ》で、さびしい磯《いそ》に一人《ひとり》でたたずんでいる。

長崎県《ながさきけん》の磯女《いそおんな》は、人《ひと》が近《ちか》づくとものすごい叫《さけ》び声《ごえ》をあげ、びっくりしている人間《にんげん》に、するすると長《なが》い髪《かみ》の毛《け》をからませる。そうして、毛《け》の先《さき》で血《ち》を吸《す》うというんだ。

愛媛県《えひめけん》の濡《ぬ》れ女子《おなご》はもっと不気味《ぶきみ》で、人《ひと》を見《み》ればニヤリと笑《わら》い、つられてこちらも笑《わら》い返《かえ》すと、一生《いっしょう》つきまとわれることになるそうだ。

名前《なまえ》は磯女《いそおんな》ではないけれど、磯女《いそおんな》のなかまは、あちこちにいる。Bさんが見《み》たのも、幽霊《ゆうれい》というよりは、磯女《いそおんな》のなかまだった可能性《かのうせい》があるね。

もしもにそなえて覚《おぼ》えておこう！

妖怪《ようかい》データと対策《たいさく》

磯女《いそおんな》

出没度《しゅつぼつど》	20
出没地域《しゅつぼつちいき》の広《ひろ》さ	30
姿《すがた》の見《み》えやすさ	50
攻撃性《こうげきせい》	50
友好度《ゆうこうど》	0
対策難易度《たいさくなんいど》	30

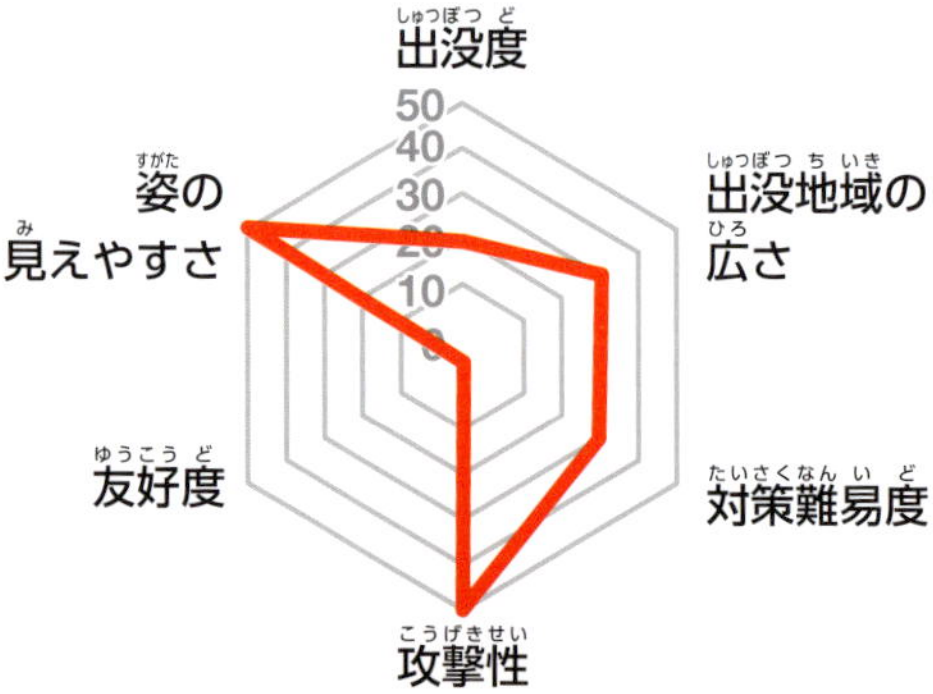

特徴《とくちょう》

別名《べつめい》 磯姫《いそひめ》（鹿児島県《かごしまけん》）、濡《ぬ》れ女《おんな》（島根県《しまねけん》）、濡《ぬ》れ女子《おなご》（長崎県《ながさきけん》、愛媛県《えひめけん》）、浜姫《はまひめ》（石川県《いしかわけん》）、海女《うみおんな》（福岡県《ふくおかけん》）などがある。

姿《すがた》の特徴《とくちょう》 下半身《かはんしん》が蛇《へび》になった女性《じょせい》もいるけど、長《なが》い髪《かみ》の毛《け》をたらし、全身《ぜんしん》ずぶ濡《ぬ》れになった若《わか》い女性《じょせい》の姿《すがた》が多《おお》い。ときには赤《あか》ん坊《ぼう》を抱《だ》いてあらわれる。

ふるまい 一人《ひとり》で海辺《うみべ》に近《ちか》づく男性《だんせい》をおそう。長崎県《ながさきけん》の磯女《いそおんな》の場合《ばあい》は、髪《かみ》の毛《け》の先《さき》で人《ひと》の血《ち》を吸《す》う。

出没《しゅつぼつ》場所《ばしょ》・時間《じかん》

出没地域《しゅつぼつちいき》 西日本《にしにほん》に多《おお》い。
出没場所《しゅつぼつばしょ》 磯《いそ》を中心《ちゅうしん》とした海辺《うみべ》にあらわれる。
出没時間《しゅつぼつじかん》 夕方《ゆうがた》から夜《よる》の時《じ》間帯《かんたい》が多《おお》い。

対策《たいさく》はこれだ!!

◎磯女《いそおんな》に出会《であ》ったら！ 磯女《いそおんな》は、一人《ひとり》で海《うみ》へ行《い》くと出会《であ》うことが多《おお》い。とくに、人《ひと》のいないさびしい磯《いそ》にあらわれやすいので、磯女《いそおんな》に出会《であ》いたくなければ、一人《ひとり》で磯《いそ》に行《い》かなければいい。

それでも、出会《であ》ってしまったら――。そのときは、相手《あいて》をしないで、すぐにその場《ば》から立《た》ち去《さ》るのが一番《いちばん》の方法《ほうほう》。

というのも、磯女《いそおんな》は、自分《じぶん》に興味《きょうみ》をもって近《ちか》づく相手《あいて》を、ターゲットにしているらしいんだ。だから、人《ひと》のいない海《うみ》、とくに磯《いそ》で、見《み》るからにあやしい女《おんな》を見《み》かけたら、絶対《ぜったい》に近《ちか》よらないようにしよう！

有効《ゆうこう》なアイテム

苫《とま》の草《くさ》 苫《とま》とは、菅《すげ》や茅《かや》で編《あ》んだむしろ。熊本県《くまもとけん》の漁師《りょうし》は、船《ふね》で寝《ね》るとき、苫《とま》の草《くさ》を三本《さんぼん》自分《じぶん》の上《うえ》にのせると磯女《いそおんな》におそわれないといっていた。苫《とま》の草《くさ》は磯女《いそおんな》よけになるかも？

大晦日《おおみそか》と盆《ぼん》に海《うみ》へ出《で》てはいけない？

長崎県《ながさきけん》の千々石海岸《ちぢわかいがん》のあたりには、大晦日《おおみそか》と盆《ぼん》の夜《よる》は、漁《りょう》に出《で》てはいけないという決《き》まりがあった。

いい伝《つた》えをやぶると、病気《びょうき》になって苦《くる》しんだり、最悪《さいあく》の場合《ばあい》は死《し》んでしまったりするというんだ。

昔《むかし》、とある漁村《ぎょそん》の漁師《りょうし》が、正月用《しょうがつよう》の食《た》べ物《もの》を捕《つか》まえようと、おかみさんが止《と》めるのも聞《き》かず、かがり火《び》をたいて大晦日《おおみそか》の夜《よる》の磯《いそ》へと出《で》かけていった。

すると、磯《いそ》には、タコやら魚《さかな》やらがたくさんいる。

思《おも》わぬ大漁《たいりょう》に帰《かえ》ろうとしたそのとき——。

耳《みみ》をつんざくような女《おんな》の悲鳴《ひめい》！　同時《どうじ》に、

「年越《としこ》しの晩《ばん》くらい、海《うみ》のものを休《やす》ませろ！」

という怒鳴《どな》り声《ごえ》とともに、何者《なにもの》かが顔《かお》をなぐってきた。

漁師《りょうし》は家《いえ》に逃《に》げ帰《かえ》ったけれど、そのまま寝《ね》こんでしまい、ついには死《し》んでしまったという。

悲鳴《ひめい》と声《こえ》の正体《しょうたい》は、磯女《いそおんな》だったということなんだ。

大晦日《おおみそか》と盆《ぼん》の夜《よる》は、海《うみ》の妖怪《ようかい》があらわれやすいんだよ。

磯女《いそおんな》のいい伝《つた》えが残《のこ》る千々石海岸《ちぢわかいがん》。

小豆《あずき》洗《あら》い

夜《よる》の水辺《みずべ》で、小豆《あずき》を洗《あら》う音《おと》を立《た》てる妖怪《ようかい》・小豆洗《あずきあら》い。自動車《じどうしゃ》や電気《でんき》があまりない時代《じだい》に、よくあらわれた妖怪《ようかい》だけれど、今《いま》でもどこかにいるのかな？

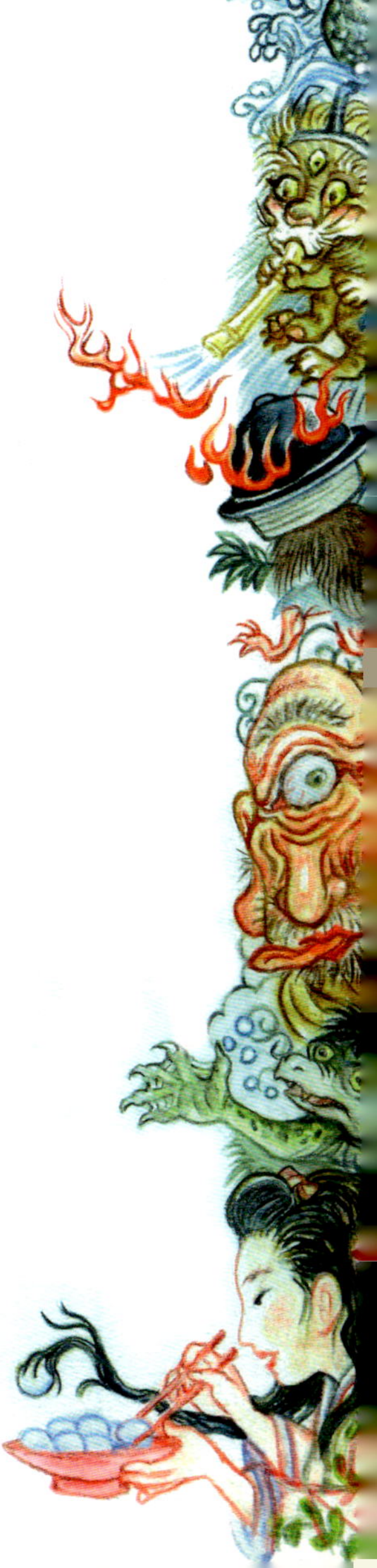

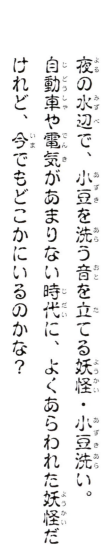

小豆洗い

あずきあらい

ケース3　九州出身《きゅうしゅうしゅっしん》のCさんの体験談《たいけんだん》

九州出身《きゅうしゅうしゅっしん》のCさんという男性《だんせい》が、子《こ》どものころに体験《たいけん》した話《はなし》というから、今《いま》から三《さん》、四十年《よんじゅうねん》ほど前《まえ》のことだよ。

当時《とうじ》住《す》んでいた家《いえ》は、小《ちい》さな山《やま》のふもとにあって、すぐ横《よこ》に小川《おがわ》が流《なが》れていたそうだ。

夜《よる》になると、川《かわ》のせせらぎを聞《き》きながら寝《ね》ていたCさん。

ある晩《ばん》、いつもとはちがう、奇妙《きみょう》な音《おと》で目《め》が覚《さ》めた。

ザラザラ……、ザクザク——。

ザラザラザラ、ザクザク——。

それは、細《こま》かいつぶのようなものを、小川《おがわ》で洗《あら》っているかのような音《おと》。
寝《ね》ぼけていたので、はじめは気《き》のせいかと思《おも》ったけれど……。
耳《みみ》をすませなくても聞《き》こえる音《おと》は、気《き》のせいなんかじゃない。
布団《ふとん》から抜《ぬ》け出《で》て、そっと窓《まど》を開《ひら》ける。
空《そら》には満月《まんげつ》。その月明《つきあ》かりで、家《いえ》のまわりがハッキリと見《み》える。
小川《おがわ》の辺《あた》りは、木《き》におおわれてなにも見《み》えないけれど、たしかに音《おと》は水辺《みずべ》で鳴《な》っている。

懐中電灯《かいちゅうでんとう》を持《も》ってきて、照《て》らしてみようか——？

いっしゅん、そんな考《かんが》えをおこす。

でも、とくにこわいことはないし、動物《どうぶつ》でもいて、エサを探《さが》すために穴《あな》でもほっているのかと、結局《けっきょく》、Cさんはそのまま寝《ね》てしまった。

「朝《あさ》になってから、家《いえ》の婆《ばあ》ちゃんにその話《はなし》をしたんです。そうしたら、それは小豆《あずき》のお化《ば》けだよって。あとで妖怪《ようかい》の本《ほん》を見《み》て、小豆洗《あずきあら》いというのに似《に》ているなって、思《おも》いましたけど」

というCさん。

問題《もんだい》の音《おと》は、その後《ご》は聞《き》くことはなかったそうだ。

そして、音《おと》の正体《しょうたい》については、小豆《あずき》のお化《ば》けではなく、動物《どうぶつ》が出《だ》した音《おと》だと、今《いま》も思《おも》っているんだって。

小豆洗《あずきあら》いってどんな妖怪《ようかい》？

夜《よる》、だれもいない小川《おがわ》や泉《いずみ》のほとりで、ザクザク、ショキショキと、小豆《あずき》を洗《あら》う音《おと》を立《た》てる。それは小豆洗《あずきあら》いという妖怪《ようかい》のしわざ。いい伝《つた》えは全国《ぜんこく》にあって、人《ひと》をさらうとか、「小豆《あずき》とごうか、人《ひと》を取《と》って食《く》おうか」なんて、歌《うた》をうたうという土地《とち》もある。でも、小豆洗《あずきあら》いにさらわれたり、食《た》べられたりした話《はなし》は、ほとんど伝《つた》わらないんだ。

そもそも、本当《ほんとう》に小豆《あずき》を洗《あら》うわけではなく、洗《あら》う音《おと》を立《た》てるだけの妖怪《ようかい》みたいだから、そんなにこわがることはないんだね。

昔《むかし》の人《ひと》は、小豆洗《あずきあら》いの正体《しょうたい》を、狐《きつね》、狸《たぬき》、鼬《いたち》、川獺《かわうそ》、蝦蟇《がま》といった動物《どうぶつ》が、人間《にんげん》をおどかすつもりで、小豆《あずき》を洗《あら》う音《おと》を立《た》てると考《かんが》えたようだ。たしかに、おどかすつもりはなくても、動物《どうぶつ》がエサを探《さが》すとき、そういう音《おと》を立《た》てることがあったかもしれない。

このほか、チャタテ虫《むし》という虫《むし》の鳴《な》き声《ごえ》が正《しょう》体《たい》だとする説《せつ》もあるよ。

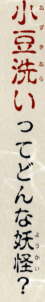

もしもにそなえて覚《おぼ》えておこう！

妖《よう》怪《かい》データと対《たい》策《さく》

小豆洗《あずきあら》い

出没度《しゅつぼつど》	40
出没地域《しゅつぼつちいき》の広《ひろ》さ	50
姿《すがた》の見《み》えやすさ	0
攻撃性《こうげきせい》	10
友好度《ゆうこうど》	0
対策難易度《たいさくなんいど》	10

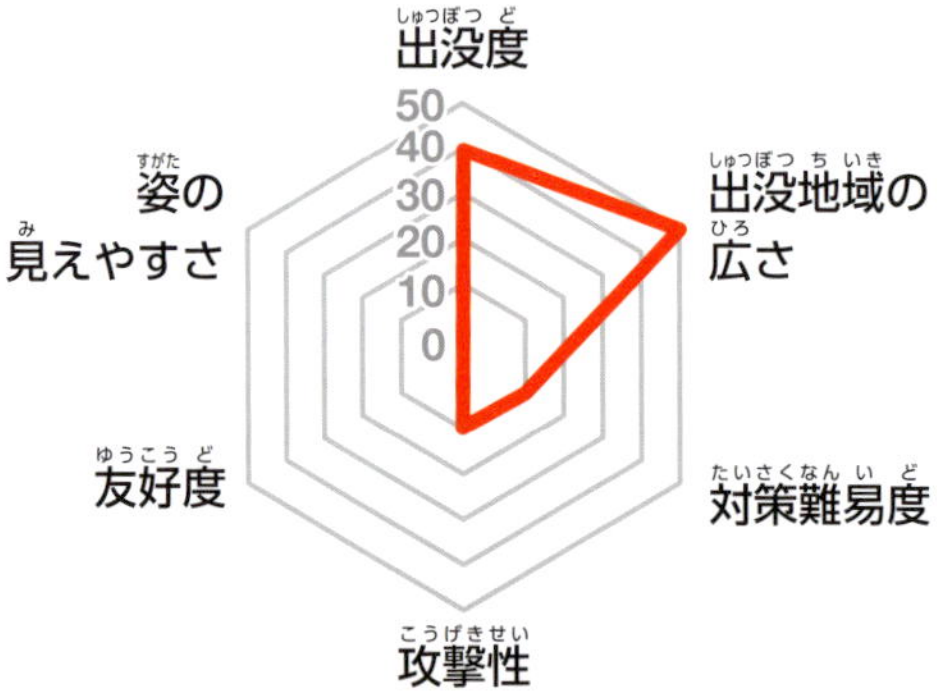

特徴《とくちょう》

別名《べつめい》　小豆《あずき》とぎ（広島県《ひろしまけん》、山口県《やまぐちけん》）、小豆《あずき》やら（香川県《かがわけん》）、小豆《あずき》こし（鳥取県《とっとりけん》）、小豆《あずき》すり、小豆《あずき》ゴシャゴシャ（長野《ながの》県《けん》）、などたくさん。

姿《すがた》の特徴《とくちょう》　江戸時代《えどじだい》の本《ほん》には、腰《こし》のまがった老人《ろうじん》の姿《すがた》で描《えが》かれたこともあるけれど、基本《きほん》は音《おと》だけで姿《すがた》が見《み》えない。

ふるまい　水辺《みずべ》などで、ショキショキ、ザクザクと小豆《あずき》を洗《あら》うような音《おと》をたてる。ときには、「小豆《あずき》とごうか、人取《ひとと》って食《く》おうか」と歌《うた》う。

出没場所《しゅつぼつばしょ》・時間《じかん》

出没地域《しゅつぼつちいき》　全国《ぜんこく》にあらわれる。
出没場所《しゅつぼつばしょ》　川《かわ》や泉《いずみ》などの水《みず》辺《べ》。森《もり》や町中《まちなか》にあらわれることも。
出没時間《しゅつぼつじかん》　昼間《ひるま》よりも夜《よる》に多《おお》い。

対策《たいさく》はこれだ!!

◎あわてずに観察《かんさつ》をしてみよう　もし、水辺《みずべ》で小豆《あずき》を洗《あら》う音《おと》が聞《き》こえたら、しばらく静《しず》かに聞《き》いてみよう。そして、大人《おとな》といっしょに、音《おと》の原因《げんいん》を探《さぐ》ってもらうといい。ただし、水《みず》のすぐ近《ちか》くには行《い》かないことだ！

　なぜなら、狐《きつね》や狸《たぬき》のような動物《どうぶつ》がそんな音《おと》を立《た》てている場合《ばあい》、うかうかと近《ちか》づいたら、どんな悪《わる》さをされるか分《わ》からないからね！

◎録音《ろくおん》してみる　水辺《みずべ》で小豆《あずき》を洗《あら》う音《おと》が聞《き》こえたとき、ビデオカメラとか録音《ろくおん》できる機械《きかい》があったら、音《おと》を記録《きろく》しておこう。きちょうな資料《しりょう》だし、小豆洗《あずきあら》い対策《たいさく》につながるかもしれないよ。

有効《ゆうこう》なアイテム

ビデオカメラ　直接的《ちょくせつてき》な対策《たいさく》ではないものの、小豆《あずき》を洗《あら》う音《おと》や場所《ばしょ》を記録《きろく》すれば、妖怪研究《ようかいけんきゅう》に役立《やくだ》つきちょうな資料《しりょう》になるんだ。

小豆洗《あずきあら》いが出《で》た場所《ばしょ》

小豆洗《あずきあら》いは、水辺《みずべ》であればどこにでもいるわけではないらしい。ある程度《ていど》、あらわれる場所《ばしょ》は決《き》まっていたみたいなんだ。

たとえば、群馬県高崎市矢中町《ぐんまけんたかさきしやなかまち》では、小豆洗《あずきあら》いを小豆《あずき》婆《ばばあ》ともよんでいて、矢中七曲《やなかななま》がりという道《みち》にかかる橋《はし》の辺《あた》りによくあらわれたと伝《つた》えている。

それから、山梨県甲府市愛宕町《やまなしけんこうふしあたごまち》の藤川《ふじかわ》に、将運橋《しょううんはし》という橋《はし》がある。そまつな土《つち》の橋《はし》だった昔《むかし》は、ここに小豆洗《あずきあら》いがいて、夜《よる》になってからここを通《とお》ると、橋《はし》の下《した》で小豆《あずき》を洗《あら》う音《おと》をたてたという。

変《か》わったところでは、女《おんな》の幽霊《ゆうれい》が、夜《よ》な夜《よ》な川《かわ》で小豆《あずき》を洗《あら》っていたという話《はなし》が、島根県松江市《しまねけんまつえし》に伝《つた》わっている。今《いま》もその橋《はし》の名前《なまえ》は、小豆《あずき》とぎ橋《はし》というんだよ。

こんな感《かん》じで、小豆洗《あずきあら》いがあらわれた場所《ばしょ》は、今《いま》もあちこちに残《のこ》っている。興味《きょうみ》を持《も》ったらたずねてみよう。

小豆洗《あずきあら》いは東京《とうきょう》の新宿《しんじゅく》にもいた。写真《しゃしん》は、新宿区原町《しんじゅくくはらまち》の緑雲寺《りょくうんじ》の門前《もんぜん》。ここに昔《むかし》は小川《おがわ》があって、夜《よる》にはシャキンシャキンと、小豆《あずき》婆《ばばあ》が小豆《あずき》を洗《あら》う音《おと》をたてたんだって。

海坊主《うみぼうず》

海《うみ》にあらわれる、人《ひと》のような形《かたち》をした黒《くろ》い怪物《かいぶつ》……それが海坊主《うみぼうず》だ。今《いま》はあまり目撃《もくげき》されないけれど、それでも夜《よる》の海《うみ》に行《い》くと出会《であ》う可能性《かのうせい》があるんだって！

海坊主
うみぼうず

ケース4　Dさんの体験談《たいけんだん》

サーフィンが趣味《しゅみ》のDさんは、海《うみ》でおそろしい体験《たいけん》をしたというよ。

それは、ある年《とし》の大晦日《おおみそか》のこと。

初日《はつひ》の出《で》とともにサーフィンを楽《たの》しむため、夜《よる》のうちから海《うみ》の駐車場《ちゅうしゃじょう》へ行《い》き、仮眠《かみん》を取《と》っていたという。

でも、波《なみ》のようすが気《き》になって、寝《ね》ていられなくなったDさん。

懐中電灯《かいちゅうでんとう》を片手《かたて》に浜辺《はまべ》へ行《い》くと、サーフィンにはもってこいの高《たか》い波《なみ》が、つぎつぎと打《う》ち寄《よ》せていた。

そのとき、なんとなく懐中電灯《かいちゅうでんとう》を沖《おき》に向《む》けた。

見《み》れば、数十《すうじゅう》メートル先《さき》に、上半身《じょうはんしん》だけの黒《くろ》い人影《ひとかげ》が……。

気《き》の早《はや》い人《ひと》がいるなと思《おも》い、あまり照《て》らすのも悪《わる》いので、すぐに懐中《かいちゅう》電灯《でんとう》のスイッチを切《き》る。——と、ここでおかしなことに気《き》がついた。

ふつう、サーファーが着《き》るウェットスーツは首《くび》までしかない。

でも、その影《かげ》は、頭《あたま》も顔《かお》も真《ま》っ黒《くろ》だった。

気《き》になるので、もう一度《いちど》、懐中電灯《かいちゅうでんとう》で照《て》らす。

すると、いつのまにか数《すう》メートル先《さき》まで、黒《くろ》い影《かげ》が近《ちか》づいているではないか！

しかも、黒《くろ》くて細長《ほそなが》い腕《うで》みたいなものが、ヌルヌルとのびてきたからたまらない！

すぐに逃《に》げ出《だ》したDさん。

気《き》がつけば家《いえ》に帰《かえ》っていて、どこをどう車《くるま》で走《はし》ったのか、まるで覚《おぼ》えていなかったんだって。

「海坊主《うみぼうず》ってやつなんすかね。とにかく、変《へん》な腕《うで》みたいなものの動《うご》きが、気味《きみ》が悪《わる》かったっすよ」

というDさんは、こんな体験《たいけん》をしてからというもの、二度《にど》とその海《うみ》には行《い》かないし、サーフィンも明《あか》るい時間帯《じかんたい》しかやらないそうだ！

海坊主《うみぼうず》ってどんな妖怪《ようかい》？

海坊主《うみぼうず》というのは、海《うみ》にあらわれる人《ひと》の形《かたち》をした妖怪《ようかい》のことだ。大《おお》きさは、人間《にんげん》サイズから大入道《おおにゅうどう》のようなサイズと、さまざま。土地《とち》ごとにいろんな特徴《とくちょう》が伝《つた》わるけれど、だいたいは、波間《なみま》に真《ま》っ黒《くろ》い上《じょう》半身《はんしん》だけをあらわして、人間《にんげん》をびっくりさせるんだよ。

びっくりさせるだけならまだいい方《ほう》で、船《ふね》をひっくり返《かえ》したり、人間《にんげん》を海《うみ》に引《ひ》きずりこんだりする、おそろしい海坊主《うみぼうず》もいる。

あらわれるのは夜《よる》がほとんど。地方《ちほう》によっては月末《げつまつ》、大晦日《おおみそか》、お盆《ぼん》の時期《じき》に沖《おき》へ行《い》くと、かならず海坊主《うみぼうず》におそわれるといわれた。

そのため、そういう地方《ちほう》では、月末《げつまつ》、大晦日《おおみそか》、お盆《ぼん》には、海《うみ》に出《で》ないという決《き》まり事《ごと》があったんだ。

Dさんが変《へん》なモノを見《み》た土地《とち》にも、大晦日《おおみそか》には海《うみ》へ行《い》くなという決《き》まりがあったのかもよ⁉

もしもにそなえて覚《おぼ》えておこう！

妖怪《ようかい》データと対策《たいさく》

海坊主《うみぼうず》

出没度《しゅつぼつど》	40
出没地域《しゅつぼつちいき》の広《ひろ》さ	50
姿《すがた》の見《み》えやすさ	40
攻撃性《こうげきせい》	40
友好度《ゆうこうど》	0
対策難易度《たいさくなんいど》	40

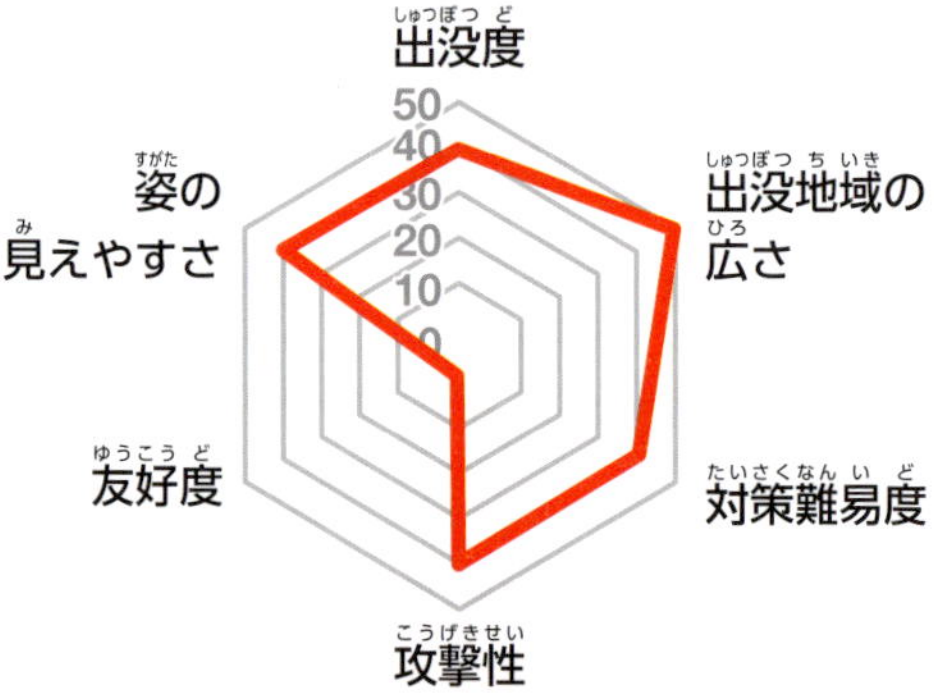

特徴《とくちょう》

別名《べつめい》 ウンボツ（愛媛県《えひめけん》）、ヌラリヒョン（岡山県《おかやまけん》）、ノロウマ（島根県《しまねけん》）、黒入道《くろにゅうどう》（『奇異雑談集《きいざつだんしゅう》』）などがある。

姿《すがた》の特徴《とくちょう》 だいたいは、真《ま》っ黒《くろ》な人《ひと》の形《かたち》をしていて、目玉《めだま》だけをギョロつかせている。大《おお》きさは人間《にんげん》サイズから大入道《おおにゅうどう》サイズといろいろ。

ふるまい 漁師《りょうし》や船乗《ふなの》りたちをびっくりさせる。ときには船《ふね》をひっくり返《かえ》して、人間《にんげん》を海《うみ》に引《ひ》きずりこむ。

出没場所《しゅつぼつばしょ》・時間《じかん》

出没地域《しゅつぼつちいき》　全国《ぜんこく》にあらわれる。
出没場所《しゅつぼつばしょ》　海《うみ》。浜辺《はまべ》から人里《ひとざと》をうろつく海坊主《うみぼうず》もいる。
出没時間《しゅつぼつじかん》　夜《よる》が多《おお》い。

対策《たいさく》はこれだ!!

◎目撃《もくげき》してもだまっていよう　昔《むかし》の船乗《ふなの》りには、「海《うみ》の上《うえ》であやしいものを見《み》てもさわぐな」といういい伝《つた》えがあった。さわぐとよくないことがおこるけど、あわてず無視《むし》をしていれば、何事《なにごと》もないという。

ある民俗学者《みんぞくがくしゃ》が、夜《よる》の鹿児島湾《かごしまわん》で海坊主《うみぼうず》を目撃《もくげき》したことがあった。船頭《せんどう》に「なにか見《み》ましたか？」と聞《き》かれたけれど、「いいえ」と答《こた》えたおかげで、それ以上《いじょう》おかしなことはおきなかったそうだ。

つまり、海坊主《うみぼうず》を見《み》たら、さわがないのが肝心《かんじん》なんだ。でも、Dさんのようにおそわれることもあるから、その場合《ばあい》は逃《に》げるしかないね！

有効《ゆうこう》なアイテム

メモ帳《ちょう》や携帯電話《けいたいでんわ》　海坊主《うみぼうず》を目撃《もくげき》したとき、さわがなければいいのなら、メモや携帯電話《けいたいでんわ》のメールを使《つか》って、まわりの人《ひと》に教《おし》えることができそうだ。

個性《こせい》ゆたかな海坊主《うみぼうず》

海坊主《うみぼうず》は時代《じだい》や土地《とち》ごとに、いろいろな話《はなし》が伝《つた》わっている。

古《ふる》い例《れい》だと、『閑窓自語《かんそうじご》』という江戸時代《えどじだい》の本《ほん》に、今《いま》の大阪府貝塚市《おおさかふかいづかし》に出現《しゅつげん》した海坊主《うみぼうず》の話《はなし》があるよ。

ここでの海坊主《うみぼうず》は、漆《うるし》を塗《ぬ》ったように真《ま》っ黒《くろ》な人型《ひとがた》で、波間《なみま》から上半身《じょうはんしん》だけをあらわすのだという。

ときおり磯《いそ》にきては、三日間《みっかかん》ほどとどまるので、その間《あいだ》、土地《とち》の人《ひと》は、絶対《ぜったい》に子供《こども》を外《そと》に出《だ》さなかったそうだ。

それから、海坊主《うみぼうず》のなかには、狐《きつね》や狸《たぬき》のように、変化《へんか》能力《のうりょく》を持《も》つものもいる。

愛媛県宇和島市下波《えひめけんうわじまししたば》では、海坊主《うみぼうず》が按摩《あんま》（今《いま》でいうマッサージ師《し》）に化《ば》けて漁師《りょうし》の奥《おく》さんを殺《ころ》したとか、宮城県気仙沼市《みやぎけんけせんぬまし》の大島《おおしま》では、海坊主《うみぼうず》が美女《びじょ》に化《ば》け、灯台《とうだい》の係員《かかりいん》に競泳《きょうえい》を挑《いど》んだという話《はなし》がある。

変《か》わった海坊主《うみぼうず》としては、岡山県《おかやまけん》と香川県《かがわけん》の境《さかい》にある瀬戸内海《せとないかい》に出没《しゅつぼつ》する、ヌラリヒョンがいるよ。

海《うみ》の上《うえ》に人《ひと》の頭《あたま》ほどの玉《たま》が浮《う》かんでいるので、漁師《りょうし》が船《ふね》を寄《よ》せて取《と》ろうとすると、ヌラリとはずれて海《うみ》に沈《しず》む。すると、またピョンと浮《う》かんでくる。こんなことを何度《なんど》もくり返《かえ》して、人《ひと》をからかうんだって。

よく妖怪《ようかい》の総大将《そうだいしょう》とよばれるヌラリヒョンとは別物《べつもの》だ。

キジムナー

沖縄《おきなわ》には、不思議《ふしぎ》な樹木《じゅもく》の精霊《せいれい》がいる。その名前《なまえ》はキジムナー。かわいらしいマスコット・キャラクターにもなっているけれど、本当《ほんとう》はこわい妖怪《ようかい》なんだって！

キジムナー

ケース5　沖縄県出身《おきなわけんしゅっしん》のEさんの体験談《たいけんだん》

沖縄県出身《おきなわけんしゅっしん》のEさんという男性《だんせい》が、子《こ》ども時代《じだい》に体験《たいけん》した話《はなし》だよ。

そのころ住《す》んでいた家《いえ》には、小《ちい》さいながらも庭《にわ》があって、そこに一本《いっぽん》のガジュマルの木《き》が生《は》えていた。

どれだけの年数《ねんすう》を生《い》きてきたのか、ずいぶんと立派《りっぱ》で大《おお》きな木《き》。

屋根《やね》よりも高《たか》く、夏《なつ》にはいい日《ひ》かげを作《つく》ってくれた。

けれども、あるとき、庭《にわ》に子《こ》ども部屋《べや》を作《つく》ることになり、ガジュマルは切《き》りたおされてしまった。

工事《こうじ》が終《お》わり、Eさんはさっそく新《あたら》しい部屋《へや》で寝《ね》た。

ところが——。

電気《でんき》を消《け》して少《すこ》ししたころ、とつぜん、胸元《むなもと》に、なにかがズシッとのっかった。

その瞬間《しゅんかん》、手《て》も、足《あし》も、まったく動《うご》かなくなってしまったんだ！

いわゆる、金縛《かなしば》りという現象《げんしょう》だ。

しかも胸《むね》の上《うえ》では、小《ちい》さな動物《どうぶつ》のようなものが、もぞもぞと動《うご》きまわる気配《けはい》が……。

あまりのこわさに、Eさんはガタガタとふるえているしかない。

どれくらいの時間《じかん》がたっただろうか——。

しばらくすると、胸《むね》の重《おも》さはなくなり、体《からだ》も動《うご》くようになった。

いらい、毎晩《まいばん》のように、こんなことが続《つづ》くので、心配《しんぱい》した両親《りょうしん》は、巫《み》女《こ》（神《かみ》さまにつかえる女性《じょせい》）さんをよんで、おはらいをしてもらった。

すると、おはらいのおかげなのか、あやしいことは、それからはパッタリと止《や》んだということなんだ。

「巫女《みこ》さんは、ガジュマルの老木《ろうぼく》を切《き》りたおしたから、そのたたりだとかいっていましたけどね」

というEさん。

そのときの恐怖《きょうふ》は、今《いま》でも忘《わす》れられないでいるそうだよ。

キジムナーってどんな妖怪《ようかい》？

沖縄県《おきなわけん》をふくめた南西諸島《なんせいしょとう》では、ガジュマル、アコウ、センダン、フクギといった、南方系《なんぽうけい》の木《き》が古《ふる》くなると、精霊《せいれい》がすみつくと伝《つた》えている。

そうした精霊《せいれい》は、ときおり、顔《かお》の赤《あか》い子《こ》どもとなってあらわれることがある。沖縄《おきなわ》では、それをキジムナーとよぶんだ。

キジムナーは、夜道《よみち》を歩《ある》く人《ひと》を迷《まよ》わせたり、赤土《あかつち》を赤飯《せきはん》だといって食《た》べさせたり、夜道《よみち》の明《あ》かりをうばったり、火《ひ》の玉《たま》となって飛《と》んだりと、とにかくイタズラが大好《だいす》き。

川《かわ》にいることもあり、そのときは姿《すがた》を消《け》している。水遊《みずあそ》びで、うっかりキジムナーの手《て》や足《あし》をふみつけようものなら、仕返《しかえ》しとして、手《て》なら手《て》に、足《あし》なら足《あし》に、火《ひ》をつけられてやけどさせられるというよ。

そして、すみかである木《き》を傷《きず》つけた人《ひと》には、夜《よる》、寝《ね》ているときに、胸《むね》をギュッと押《お》しつけて、苦《くる》しめるんだって！

もしもにそなえて覚《おぼ》えておこう！

妖怪《ようかい》データと対策《たいさく》

キジムナー

出没度《しゅつぼつど》	50
出没地域《しゅつぼつちいき》の広《ひろ》さ	20
姿《すがた》の見《み》えやすさ	40
攻撃性《こうげきせい》	40
友好度《ゆうこうど》	20
対策難易度《たいさくなんいど》	40

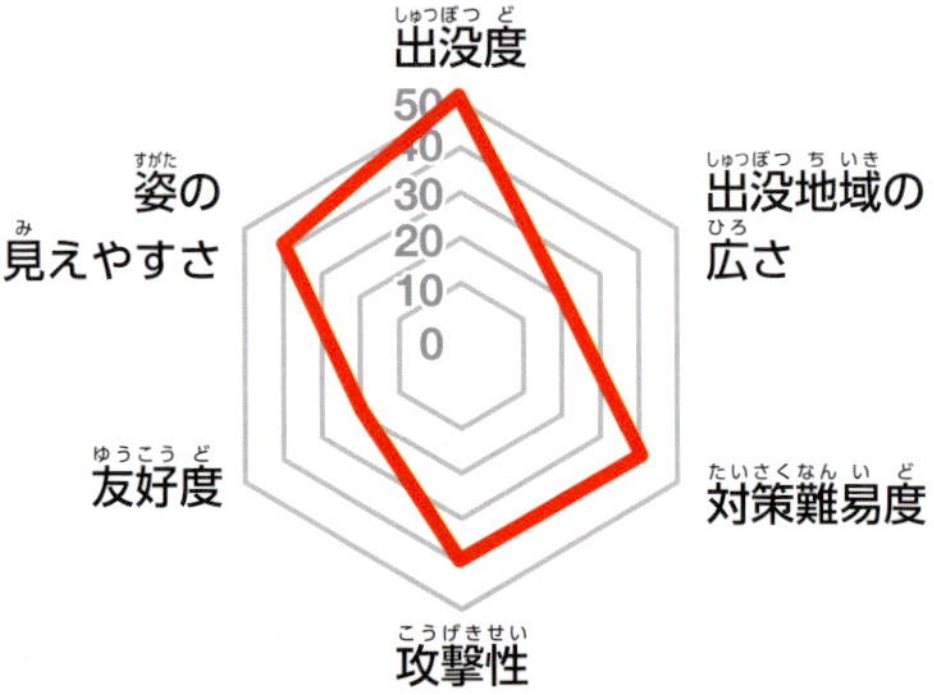

特徴《とくちょう》

別名《べつめい》　キジムン、キムヤー、ブナガヤ、ブナガイ、セーマ、セーマグ、ハンダンミー、ミチバタ、アカカナジャーなどたくさん。

姿《すがた》の特徴《とくちょう》　おかっぱ頭《あたま》で、顔《かお》の赤《あか》い子《こ》どものような姿《すがた》をしているという。ときには姿《すがた》を消《け》したり、火《ひ》の玉《たま》となって飛《と》んだりする。

ふるまい　人間《にんげん》にイタズラするのが大好《だいす》き。友《とも》だちになると魚《さかな》がたくさんとれるかわり、毎日《まいにち》のように家《いえ》をたずねるようになる。

出没《しゅつぼつ》場所《ばしょ》・時間《じかん》

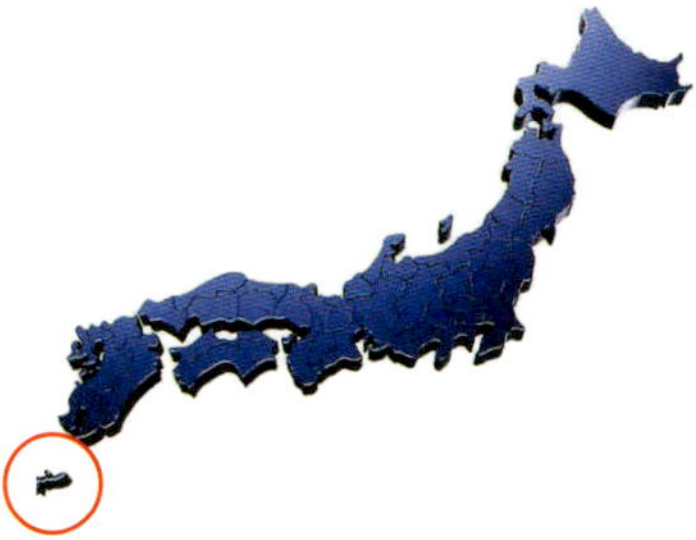

出没地域《しゅつぼつちいき》　沖縄県《おきなわけん》。

出没場所《しゅつぼつばしょ》　森《もり》や夜道《よみち》に出《で》ることが多《おお》い。家《いえ》や水辺《みずべ》にもよくあらわれる。

出没時間《しゅつぼつじかん》　昼間《ひるま》も出《で》るけど、夕方《ゆうがた》から明《あ》け方《がた》の暗《くら》い時間帯《じかんたい》が多《おお》い。

対策《たいさく》はこれだ!!

◎嫌《きら》いなもので撃退《げきたい》！　キジムナーは、海《うみ》のタコが大嫌《だいきら》い。だから、タコを一匹《いっぴき》、近《ちか》くに置《お》けば、キジムナーは逃《に》げて行《い》く。人間《にんげん》のオナラもきらいなので、キジムナーが近《ちか》づいたとき、ブッとおみまいすればいいよ。
そのほか、朝《あさ》をつげるニワトリもきらいで、ニワトリの鳴《な》きまねをしても、追《お》いはらうことができる。

◎すみかの木《き》を焼《や》く　キジムナーは、古《ふる》い木《き》の精霊《せいれい》といわれているから、そのすみかである木《き》を燃《も》やすと、もうあらわれなくなる。あるいは、木《き》に釘《くぎ》を打《う》ちこむという方法《ほうほう》もある。鉄《てつ》がきらいなのかな？

有効《ゆうこう》なアイテム

タコ、釘《くぎ》　タコはタコでも、まるまる一匹《いっぴき》じゃないと効果《こうか》がなさそう。釘《くぎ》は、鉄《てつ》でできたものがいいみたいだよ。

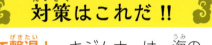

キジムナーのなかま

沖縄県《おきなわけん》や鹿児島県《かごしまけん》の島々《しまじま》には、キジムナーと同《おな》じような妖怪《ようかい》があちこちにいる。

たとえば、鹿児島県《かごしまけん》の奄美大島《あまみおおしま》にはケンモンがいるし、与論島《よろんとう》にはハタパギ、徳之島《とくのしま》にはイッシャという妖怪《ようかい》が伝《つた》わっているんだ。

それから、屋久島《やくしま》のゲジベエ、悪石島《あくせきじま》のガラッパ。

この二《ふた》つは、河童《かっぱ》の一種《いっしゅ》とされているけれど、キジムナーに近《ちか》い特徴《とくちょう》を持《も》っているので、これもなかまと見《み》ていいだろう。

キジムナーや、そのなかまの性質《せいしつ》は、だいたい同《おな》じ。

イタズラばかりする一方《いっぽう》、気《き》に入《い》った人間《にんげん》とは友《とも》だちになり、漁《りょう》の手伝《てつだ》いをしてくれる。

いっしょに海《うみ》に出《で》て漁《りょう》をすると、不思議《ふしぎ》と大漁《たいりょう》になるけれど、とれたそばから、なぜか妖怪《ようかい》が魚《さかな》の目玉《めだま》を片方《かたほう》だけ食《た》べるので、どの魚《さかな》も片方《かたほう》の目《め》しかないんだって。

それに、キジムナーと友《とも》だちになると、風《かぜ》が吹《ふ》こうが嵐《あらし》になろうが、毎日《まいにち》のようにやってくるようになる。あまりにもしつこくて、イヤになるそうだ。

いくら友《とも》だちになれるといっても、これではあまり友《とも》だちになりたくないね！

幽霊船《ゆうれいせん》

霧《きり》や嵐《あらし》の夜《よる》、船《ふね》で沖合《おきあい》に出《で》ると、なにもないところから、
とつぜんあやしい船《ふね》が出現《しゅつげん》することがあるんだって！
そんなとき、いったいどうすればいいんだろう！

幽霊船

ゆうれいせん

ケース6　東北出身《とうほくしゅっしん》のFさんの体験談《たいけんだん》

東北出身《とうほくしゅっしん》のFさんは、漁師《りょうし》をしていた実家《じっか》のおじいさんから、こんな話《はなし》を聞《き》いたというよ。

それは、何十年《なんじゅうねん》も昔《むかし》のこと。

当時《とうじ》、おじいさんは、手《て》こぎの舟《ふね》で漁《りょう》をしていた。

ある日《ひ》の夕方《ゆうがた》。

空《そら》もようがあやしくなってきたので、そろそろ港《みなと》へもどろうと、おじいさんは櫓《ろ》をこぎはじめた。

でも、霧《きり》が出《で》はじめると、あっという間《ま》に辺《あた》りは真《ま》っ白《しろ》に。

日《ひ》が沈《しず》むと、今度《こんど》はまっ暗闇《くらやみ》になってしまった。

むやみに進《すす》めば遭難《そうなん》してしまう――。

そんなことを思《おも》いながら、おじいさんは、かすかな灯台《とうだい》の明《あ》かりをたよりに、ゆっくりと櫓《ろ》をこいだ。

そのとき――。

とつぜん、ブォオーッという大《おお》きな音《おと》が前《まえ》から聞《き》こえ、同時《どうじ》に、空中《くうちゅう》

にいくつもの光《ひかり》がパッパッパッと、灯《とも》った。

そこにあったのは、この辺《あた》りでは見《み》たこともないような大型船《おおがたせん》。

このままでは正面衝突《しょうめんしょうとつ》してしまうと、あわてて進路《しんろ》を変《か》えようとしたけれど、巨大《きょだい》な船《ふね》はもう目《め》の前《まえ》。

どうすることもできず、おじいさんは、船《ふね》がぶつかることを覚悟《かくご》して、海《うみ》に飛《と》びこもうとした。

その瞬間《しゅんかん》！　船《ふね》はパッと消《き》えてしまったんだ！

我《われ》に返《かえ》ったときには、もう、ただのまっ暗《くら》な海《うみ》があるだけだった……。

そのときのことを思《おも》い出《だ》して、おじいさんは「あれは幽霊船《ゆうれいせん》にちがいない」と、よく語《かた》っていたという。

でも、Ｆさん自身《じしん》は「幻覚《げんかく》を見《み》ただけでしょう」と、あまり信《しん》じていないみたいだよ。

幽霊船《ゆうれいせん》ってどんな妖怪《ようかい》？

海《うみ》で死《し》んだ人《ひと》の霊《れい》が、まぼろしの船《ふね》をあらわす――それが幽霊船《ゆうれいせん》だ。

同《おな》じような妖怪《ようかい》に、船幽霊《ふなゆうれい》がいるけれど、船幽霊《ふなゆうれい》の場合《ばあい》は、まぼろしの船《ふね》とともに、海《うみ》で死《し》んだ人《ひと》の幽霊《ゆうれい》があらわれる。そして、柄杓《ひしゃく》などを使《つか》って、人《ひと》が乗《の》っている船《ふね》に海水《かいすい》を入《い》れ、沈没《ちんぼつ》させようとするんだよ。

いっぽうの幽霊船《ゆうれいせん》は、乗組員《のりくみいん》の幽霊《ゆうれい》はあまりあらわれず、まぼろしの船《ふね》そのものがメインになっている。

霧《きり》の濃《こ》い日《ひ》や嵐《あらし》の夜《よる》、目《め》の前《まえ》にとつぜんあらわれたり、遠《とお》くで船《ふね》の明《あ》かりを灯《とも》し、道案内《みちあんない》をするかのようにあらわれたりする。

そうすることで、船《ふね》を浅瀬《あさせ》や岩場《いわば》におびきよせ、事故《じこ》をおこさせようとしているわけなんだ。

船幽霊《ふなゆうれい》も幽霊船《ゆうれいせん》も、どちらも目的《もくてき》は同《おな》じ。生《い》きた人《ひと》をなかまにするため、海《うみ》の事故《じこ》をおこさせるんだって！

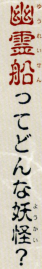

もしもにそなえて覚《おぼ》えておこう！

妖怪《ようかい》データと対策《たいさく》

幽霊船《ゆうれいせん》

出没度《しゅつぼつど》	40
出没地域《しゅつぼつちいき》の広《ひろ》さ	50
姿《すがた》の見《み》えやすさ	40
攻撃性《こうげきせい》	50
友好度《ゆうこうど》	0
対策難易度《たいさくなんいど》	40

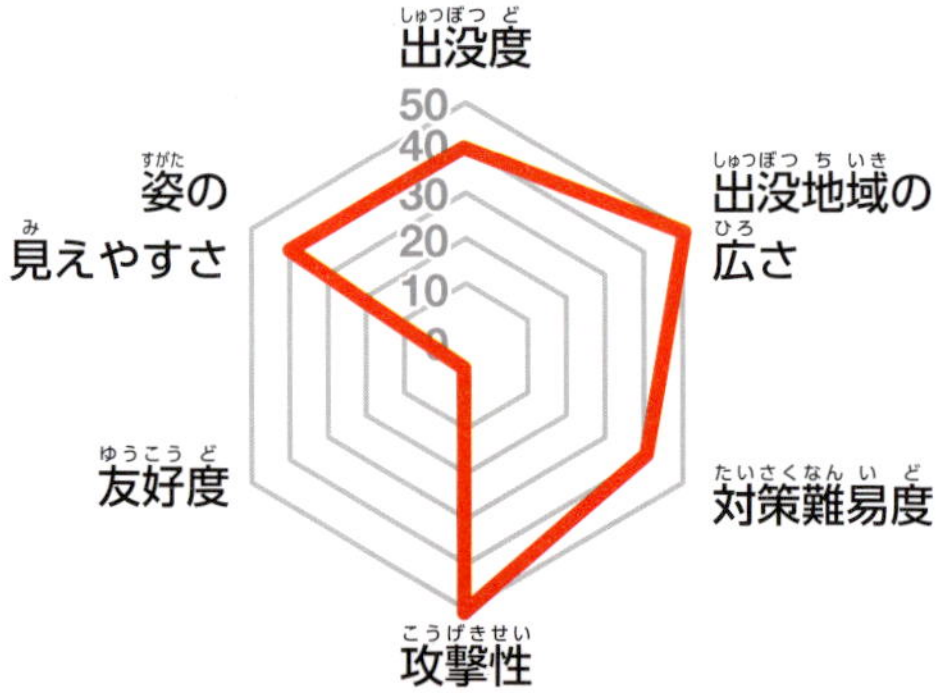

特徴《とくちょう》

別名《べつめい》　まぼろし船《せん》（各地《かくち》）、亡霊船《ぼうれいせん》（和歌山県《わかやまけん》、福島県《ふくしまけん》）、迷《まよ》い船《ぶね》（福岡県《ふくおかけん》）、夜走《よるばし》り（山口県《やまぐちけん》）、グゼ（長崎県《ながさきけん》）、など、ほかにもたくさん。

姿《すがた》の特徴《とくちょう》　小《ちい》さな和船《わせん》から、大型《おおがた》の漁船《ぎょせん》、連絡船《れんらくせん》、軍艦《ぐんかん》と、いろいろなタイプがある。

ふるまい　とつぜんまぼろしの船《ふね》をあらわし、船乗《ふなの》りをあわてさせて、船《ふね》を遭難《そうなん》させようとする。

出没《しゅつぼつ》場所《ばしょ》・時間《じかん》

出没地域《しゅつぼつちいき》　全国《ぜんこく》にあらわれる。
出没場所《しゅつぼつばしょ》　ほとんどが海《うみ》で、土地《とち》によって大《おお》きな川《かわ》や湖《みずうみ》に出《で》ることがある。
出没時間《しゅつぼつじかん》　夜《よる》が多《おお》い。霧《きり》の濃《こ》い日《ひ》や嵐《あらし》の日《ひ》は、昼間《ひるま》でも。

対策《たいさく》はこれだ!!

◎幽霊船《ゆうれいせん》の見分《みわ》け方《かた》　舷灯《げんとう》（夜《よる》でも進行方向《しんこうほうこう》が分《わ》かるよう、船《ふね》の左右《さゆう》に灯《とも》す光《ひかり》。右舷《うげん》が緑《みどり》、左舷《さげん》が赤《あか》）の位置《いち》が逆《ぎゃく》だったり、エンジン音《おん》もなく、まったく波《なみ》を立《た》てず、すべるように進《すす》んだりする。

◎幽霊船《ゆうれいせん》があらわれたら　幽霊船《ゆうれいせん》は、いきなり目《め》の前《まえ》にあらわれることが多《おお》い。そこで衝《しょう》突《とつ》をさけようと進路《しんろ》を変《か》えるのは、幽霊船《ゆうれいせん》の思《おも》うつぼ。幽霊船《ゆうれいせん》は、船《ふね》を岩場《いわば》や浅瀬《あさせ》にみちびいて、遭難《そうなん》させようとしているんだ。だから、幽霊船《ゆうれいせん》だと分《わ》かったら、その場《ば》から動《うご》かないことがかんじん。心《こころ》を落《お》ち着《つ》かせ、供養《くよう》のために食《た》べ物《もの》を海《うみ》に投《な》げれば、消《き》えてしまう。

有効《ゆうこう》なアイテム

食《た》べ物《もの》　船幽霊《ふなゆうれい》や幽霊船《ゆうれいせん》は、海《うみ》で死《し》んだ人《ひと》の霊《れい》が正《しょう》体《たい》といわれている。だから、死者《ししゃ》を供養《くよう》する意味《いみ》で、念仏《ねんぶつ》を唱《とな》えて、食《た》べ物《もの》やお酒《さけ》を海《うみ》に投《な》げればいいよ。

幽霊船《ゆうれいせん》は今《いま》でも出現《しゅつげん》する!?

幽霊船《ゆうれいせん》は、霊《れい》が作《つく》り出《だ》すまぼろしだから、小《ちい》さな漁船《ぎょせん》でも大型船《おおがたせん》でも、自由自在《じゆうじざい》だというよ。

たとえば、エンジン船《せん》がない時代《じだい》には、風《かぜ》を利用《りよう》して進《すす》む帆船《はんせん》の幽霊船《ゆうれいせん》が各地《かくち》にあらわれた。

福岡県《ふくおかけん》の海《うみ》で語《かた》られていた、迷《まよ》い船《せん》やヨイヨイ船《せん》、福島県《ふくしまけん》の漁師《りょうし》たちが伝《つた》える亡霊船《もうれいせん》なんかが、帆船時代《はんせんじだい》の幽霊船《ゆうれいせん》だ。

それから、千葉県《ちばけん》の九十九里浜沖《くじゅうくりはまおき》に出《で》た幽霊船《ゆうれいせん》は、煙突《えんとつ》から黒《くろ》い煙《けむり》をもうもうと出《だ》しながら進《すす》む、大《おお》きな汽船《きせん》だったというよ。

ときには、事故《じこ》で沈没《ちんぼつ》した軍艦《ぐんかん》や商船《しょうせん》が、こうこうと明《あ》かりを灯《とも》して、夜《よる》の波間《なみま》にただようこともあった。

とくに大型《おおがた》の幽霊船《ゆうれいせん》は、乗組員《のりくみいん》や乗客《じょうきゃく》の幽霊《ゆうれい》こそあらわれないものの、「おーい」とか、「助《たす》けてくれー」という声《こえ》を、暗《くら》い波間《なみま》にひびかせるという。

まぼろしの船《ふね》だけでもこわいのに、そんな声《こえ》まで聞《き》こえたら、だれだってゾッとしてしまうよ！

今《いま》もたまに、マグロやカツオを捕《と》る遠洋漁業《えんようぎょぎょう》の乗組員《のりくみいん》が、本物《ほんもの》とは思《おも》えない船《ふね》を見《み》ることがあるそうだ。

幽霊船《ゆうれいせん》は、けっして昔《むかし》の妖怪《ようかい》ではないんだね！

やろか水《みず》

大雨《おおあめ》や台風《たいふう》のシーズンになると、川《かわ》からぶきみな声《こえ》が聞《き》こえることがあるという。その声《こえ》にうっかり返事《へんじ》をすると、大洪水《だいこうずい》がおこるかもしれないんだ！

やろか水

やろかみず

ケース7　中部地方《ちゅうぶちほう》のGさんの体験談《たいけんだん》

Gさんという男性《だんせい》が、ある年《とし》の夏《なつ》、中部地方《ちゅうぶちほう》の渓谷《けいこく》の宿《やど》に泊《と》まったときのことだ。

夜《よる》、お風呂《ふろ》から上《あ》がったGさんは、窓辺《まどべ》のいすに腰《こし》かけて、のんびりと外《そと》をながめていたという。

窓《まど》の下《した》には渓谷《けいこく》。

宿《やど》からもれる明《あ》かりで、さらさらとした流《なが》れが見《み》える。

ときおり、山《やま》の方《ほう》がピカッと光《ひか》り、少《すこ》しおくれて雷《かみなり》が鳴《な》った。

雨《あめ》がふるかもしれないな——そんなことを思《おも》っていると、下《した》の方《ほう》から

「ギャハハハ」という、そうぞうしい笑《わら》い声《ごえ》。見《み》れば、数人《すうにん》の若者《わかもの》グループが、川《かわ》の流《なが》れのないところで、花火《はなび》をはじめるところだった。

うるさいのが苦手《にがて》なGさんは、すぐに窓《まど》を閉《し》め、座敷《ざしき》へもどった。

間《ま》もなく、雨《あめ》がふりだしたのか、外《そと》では「雨《あめ》だ、雨《あめ》だ」と大《だい》さわぎ。

その声《こえ》にまじって、「いくぞー、いくぞー」という、奇妙《きみょう》な声《こえ》が……。

あまりに不自然《ふしぜん》な声《こえ》なので、はじめは隣《となり》の部屋《へや》から聞《き》こえるテレビの音声《おんせい》かと思《おも》ったけれど、やっぱりそれは川《かわ》の方《ほう》から聞《き》こえてくる。

すると、「うるせえよ！　来《く》るなら来《こ》いよ！」という若者《わかもの》の怒鳴《どな》り声《ごえ》。

若者《わかもの》がけんかでもはじめたのかと、Ｇさんが窓《まど》へ近《ちか》づいた瞬間《しゅんかん》！

ドドドーッというすごい音《おと》がして、上流《じょうりゅう》から大量《たいりょう》の黒《くろ》っぽい水《みず》が流《なが》れてきたんだ！

それは、山《やま》にふった雨《あめ》による、急《きゅう》な増水《ぞうすい》だった。

あっという間《ま》に濁流《だくりゅう》となる川《かわ》。

若者《わかもの》が流《なが》されやしないかとハラハラしたけれど、彼《かれ》らはすぐに高台《たかだい》へ逃《に》げ、何事《なにごと》もなくすんだという。

それにしても、若者《わかもの》はだれに対《たい》して怒鳴《どな》っていたのか――。

Ｇさんは、今《いま》もそれが不思議《ふしぎ》でしかたないそうだ。

やろか水《みず》ってどんな妖怪《ようかい》？

岐阜県《ぎふけん》や愛知県《あいちけん》を流《なが》れる木曽川《きそがわ》は、暴《あば》れ川《がわ》としてたびたび洪水《こうずい》をひきおこした。そんな洪水《こうずい》の記録《きろく》の中《なか》に、いくつか不思議《ふしぎ》な話《はなし》があるんだ。

たとえば、江戸時代《えどじだい》の貞享四年《じょうきょうよねん》（一六八七）八月《はちがつ》、大雨《おおあめ》で増水《ぞうすい》した木曽川《きそがわ》を、今《いま》の愛知県犬山市《あいちけんいぬやまし》の住民《じゅうみん》が見張《みは》っていたところ、対岸《たいがん》の淵《ふち》から「やろか、やろか」という声《こえ》がしたという。

あまりにもしつこいので、「よこすんならよこせ」とさけぶと、いきなり水《みず》が増《ふ》えて、大洪《だいこう》水《ずい》になった——ということなんだ。

この正体不明《しょうたいふめい》の声《こえ》がひきおこした洪水《こうずい》を、木《き》曽川流域《そがわりゅういき》では、やろか水《みず》とよんでいたんだって。そして、妖怪《ようかい》が好《す》きな人《ひと》たちは、その洪水《こうずい》をおこす声《こえ》のことも、やろか水《みず》とよんでいるんだよ。

たぶん、Gさんが聞《き》いた「いくぞ」という声《こえ》も、やろか水《みず》に近《ちか》い妖怪《ようかい》のしわざだと考《かんが》えられるね。

もしもにそなえて覚《おぼ》えておこう！

妖《よう》怪《かい》データと対《たい》策《さく》

やろか水《みず》

出没度《しゅつぼつど》	20
出没地域の広さ《しゅつぼつちいきひろ》	10
姿《すがた》の見《み》えやすさ	0
攻撃性《こうげきせい》	50
友好度《ゆうこうど》	0
対策難易度《たいさくなんいど》	30

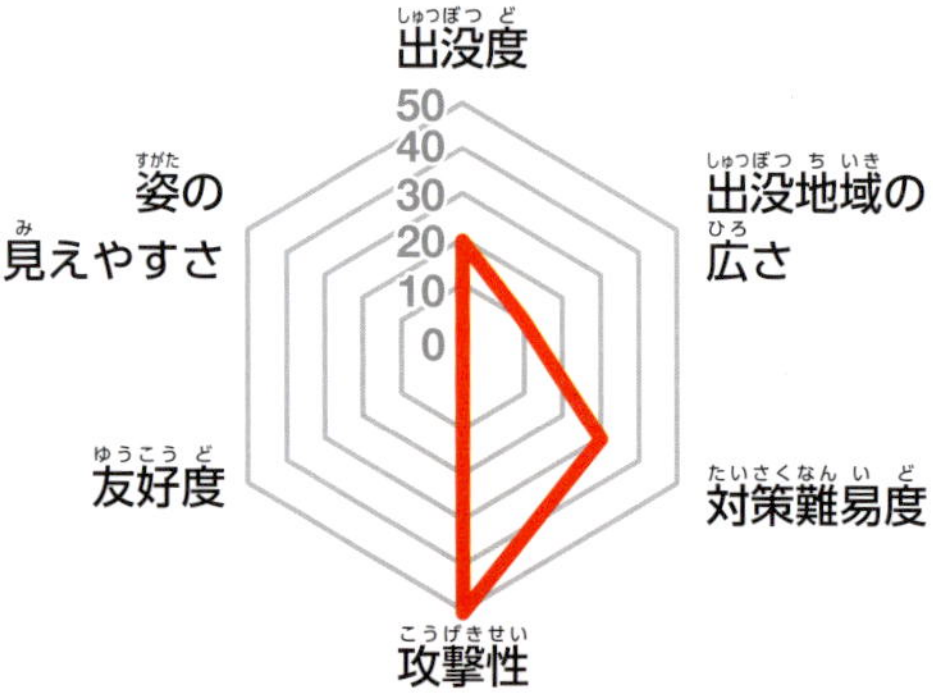

特《とく》徴《ちょう》

別名《べつめい》　やろか大水《おおみず》ともよばれる。

姿《すがた》の特徴《とくちょう》　声《こえ》だけで姿《すがた》はない。

ふるまい　大雨《おおあめ》や台風《たいふう》で川《かわ》があふれそうになったとき、「やろか、やろか」と声《こえ》をあげ、人間《にんげん》が「よこせ」というと洪水《こうずい》をおこす。

出没《しゅつぼつ》場所《ばしょ》・時間《じかん》

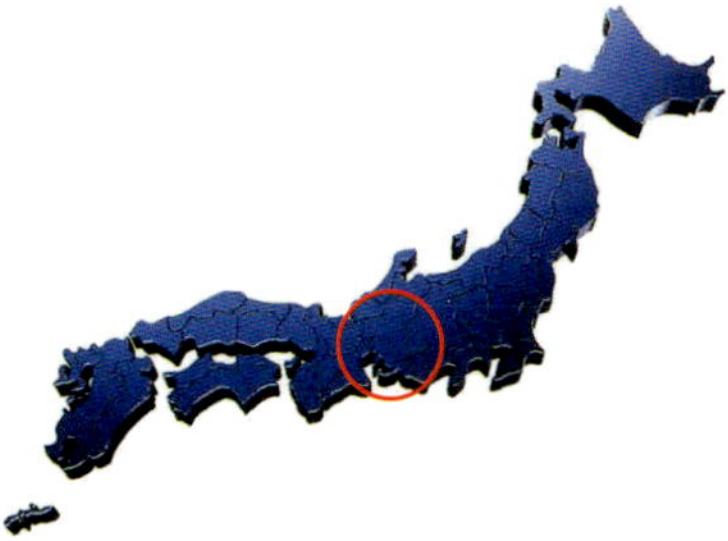

出没地域《しゅつぼつちいき》　中部地方《ちゅうぶちほう》の木曽《きそ》川流域《がわりゅういき》。
出没場所《しゅつぼつばしょ》　木曽川《きそがわ》。
出没時間《しゅつぼつじかん》　昼《ひる》も夜《よる》も関係《かんけい》なく出没《しゅつぼつ》する。

対策《たいさく》はこれだ!!

◎むやみに返事《へんじ》をしないこと!!　やろか水《みず》のことは、柳田《やなぎた》國男《くにお》という民俗学者《みんぞくがくしゃ》の、『妖怪談義《ようかいだんぎ》』にも書《か》かれている。それによれば、雨《あめ》の中《なか》、山《やま》で木《き》を伐《き》っていたきこりたちが、「いくぞいくぞ」という声《こえ》に、「来《こ》いよ」と答《こた》えると、土砂《どしゃ》崩《くず》れがおきたという話《はなし》もあるそうだ。

ほかにも、何者《なにもの》かの声《こえ》に「やるならやってみろ」とか、「くれるならよこせ」と答《こた》えることで、ひどい目《め》にあう人《ひと》の話《はなし》がのっている。

こうした話《はなし》から考《かんが》えると、やろか水《すい》のような妖怪《ようかい》の被害《ひがい》にあわないためには、正体《しょうたい》不明《ふめい》の声《こえ》には返事《へんじ》をしないことが一番《いちばん》の方《ほう》法《ほう》みたいだ。

有効《ゆうこう》なアイテム

やろか水《みず》の対策《たいさく》に使《つか》えそうな物《もの》はとくになさそう。とにかく、大雨《おおあめ》や台風《たいふう》のときには、川《かわ》に近《ちか》づかないことが肝心《かんじん》だよ！

もともとは昔話《むかしばなし》？

対策《たいさく》のところで紹介《しょうかい》した柳田國男《やなぎたくにお》の『妖怪談義《ようかいだんぎ》』には、こんな昔話《むかしばなし》ものっている。

昔《むかし》、正直者《しょうじきもの》の爺《じい》さんが、夜《よる》の山道《やまみち》を通《とお》ると、道《みち》のわきから「飛《と》びつこうか、引《ひき》っつこうか」と声《こえ》をかけられた。あまりのしつこさに、「飛《と》びつくなら飛《と》びつけ！」と答《こた》えたところ、重《おも》たいなにかがどっさりと肩《かた》にのった。

家《いえ》にもどり、火《ひ》の明《あ》かりで見《み》てみれば、重《おも》たいものの正体《しょうたい》は、なんと金銀《きんぎん》がいっぱいつまった袋《ふくろ》だった。これで正直爺《しょうじきじい》さんは大金持《おおがねも》ちになった。

この話《はなし》を聞《き》いた隣《となり》の欲《よく》ばり爺《じい》さんは、自分《じぶん》も大金持《おおがねも》ちになろうと、正直爺《しょうじきじい》さんと同《おな》じように山道《やまみち》を通《とお》った。すると、「飛《と》びつこうか、引《ひき》っつこうか」という声《こえ》がしたので、「引《ひき》っつくなら引《ひき》っつけ！」と答《こた》えた。すると、欲《よく》ばり爺《じい》さんには、大量《たいりょう》の松《まつ》ヤニがべっとりとくっついた——という話《はなし》だ。

こうした話《はなし》をいくつも集《あつ》めて観察《かんさつ》した柳田國男《やなぎたくにお》は、やろか水《みず》の話《はなし》も、もともとは正直爺《しょうじきじい》さんと欲《よく》ばり爺《じい》さんが出《で》るような昔話《むかしばなし》だったのではないかと考《かんが》えている。

つまり、やろか水《みず》の話《はなし》は作《つく》り話《ばなし》だということなんだけれど……。真実《しんじつ》はまだまだなぞだらけみたいだよ！

狐火《きつねび》

夜《よる》の川原《かわら》や田《た》んぼには、たくさんの火《ひ》が横一列《よこいちれつ》に灯《とも》ることがあるという。それは、狐《きつね》が灯《とも》す不思議《ふしぎ》な火《ひ》。目撃者《もくげきしゃ》の話《はなし》では、まるで提灯《ちょうちん》を持《も》った人《ひと》の行列《ぎょうれつ》のように見《み》えるそうだ！

狐火

きつねび

ケース8　Hさんのお婆《ばあ》さんの体験談《たいけんだん》

九州《きゅうしゅう》出身《しゅっしん》のカメラマン・Hさんは、実家《じっか》のお婆《ばあ》さんから、不思議《ふしぎ》な話《はなし》を聞《き》いたそうだ。

お婆《ばあ》さんが女学生《じょがくせい》のころというから、昭和《しょうわ》のはじめごろのこと。

お婆《ばあ》さんの家《いえ》のまわりは田《た》んぼと畑《はたけ》ばかりで、夜《よる》になると本当《ほんとう》にまっ暗闇《くらやみ》になったという。

ある日《ひ》の学校《がっこう》からの帰《かえ》り道《みち》、暗《くら》くなった田《た》んぼ道《みち》を歩《ある》いていたお婆《ばあ》さんは、百《ひゃく》メートルほど離《はな》れた川《かわ》の堤《つつみ》に、一列《いちれつ》になって灯《とも》る明《あ》かりを見《み》つけた。

それはオレンジ色《いろ》で、こまかくゆらゆらとゆれているのか分《わ》かる。
お婆《ばあ》さんからは横一列《よこいちれつ》に見《み》えるので、てっきり葬式《そうしき》かなにかの提灯行《ちょうちんぎょう》列《れつ》かと思《おも》った。
でも、なにかがおかしい——。
提灯行列《ちょうちんぎょうれつ》なら、左右《さゆう》どちらかに動《うご》いてもよさそうなのに、その火《ひ》はその場《ば》にとどまっている。

そもそも、道《みち》を横切《よこぎ》るようにある川《かわ》の堤《つつみ》は、草木《くさき》がぼうぼうで、人《ひと》が通《とお》れるような場所《ばしょ》ではなかったんだ！

そのうち、火《ひ》がついたり消《き》えたりをしはじめ、みるみるうちにすべてが消《き》えてしまった。

おそるおそる近《ちか》づいてみたお婆《ばあ》さん。

でも、人《ひと》がいた形跡《けいせき》はないし、物《もの》が燃《も》えた様子《ようす》もなかったという。

「狐火《きつねび》だったということなんです。気《き》の強《つよ》い婆《ばあ》さんなので、こわがるよりも、いいものが見《み》られたと喜《よろこ》んだそうですけど、本当《ほんとう》はこわかったと思《おも》いますよ」

と、語《かた》るＨさん。

今《いま》の実家《じっか》のまわりは、住宅《じゅうたく》が建《た》ち並《なら》んでいて、狐火《きつねび》が出《で》た昔《むかし》の面影《おもかげ》は、まったくないんだって。

狐火《きつねび》ってどんな妖怪《ようかい》？

狐火《きつねび》とは、川《かわ》の堤《つつみ》、山《やま》の中腹《ちゅうふく》、田《た》んぼといった、火《ひ》の気《け》のない場所《ばしょ》にあらわれる火《ひ》のこと。狐《きつね》が灯《とも》す火《ひ》ということから、狐火《きつねび》とよばれるんだ。

赤《あか》もしくは青白《あおじろ》い火《ひ》で、数個《すうこ》から数百《すうひゃく》もの火《ひ》が、まるで提灯行列《ちょうちんぎょうれつ》のように一列《いちれつ》になって灯《とも》り、ついたり消《き》えたり、減《へ》ったり増《ふ》えたりをくり返《かえ》す……というのが特徴《とくちょう》。

出現《しゅつげん》しやすいのは、人工物《じんこうぶつ》がなく、街灯《がいとう》もないような場所《ばしょ》。そのため、自《し》然《ぜん》が多《おお》く残《のこ》る地方《ちほう》では、今《いま》もときどき目撃《もくげき》されているんだよ。

正体《しょうたい》をあばこうとして近《ちか》づいてもムダ。狐火《きつねび》は近《ちか》づくと消《き》えてしまい、ある程度《ていど》の距離《きょり》をたもっていないと見《み》えないという。

そもそも、どうして狐《きつね》がそんな火《ひ》を灯《とも》すのかというと……。狐《きつね》が嫁入《よめい》りの行列《ぎょうれつ》をしているとか、葬式《そうしき》をしているとか、いろいろといわれているけれど、じつはあまりよく分《わ》かっていないんだ。

もしもにそなえて覚《おぼ》えておこう！

妖《よう》怪《かい》データと対《たい》策《さく》

狐《きつね》火《び》

出没度《しゅつぼつど》	30
出没地域《しゅつぼつちいき》の広《ひろ》さ	40
姿《すがた》の見《み》えやすさ	50
攻撃性《こうげきせい》	20
友好度《ゆうこうど》	0
対策難易度《たいさくなんいど》	30

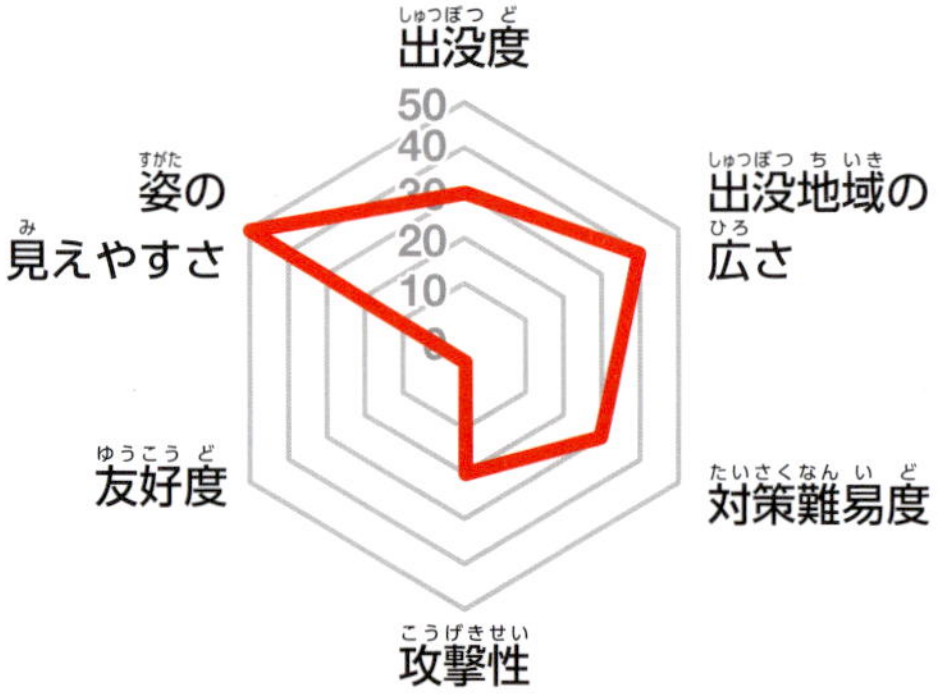

特《とく》徴《ちょう》

別名《べつめい》　狐《きつね》の嫁入《よめい》り（各地《かくち》）、狐松明《きつねたいまつ》（秋田県《あきたけん》、山形県《やまがたけん》）、オトウカの嫁入《よめい》り（群馬県《ぐんまけん》）、オトカッピ（埼玉県《さいたまけん》）などがある。

姿《すがた》の特徴《とくちょう》　赤《あか》もしくは青白《あおじろ》い火《ひ》。十《じゅっ》個《こ》から数百《すうひゃく》個《こ》くらいの集団《しゅうだん》であらわれて一列《いちれつ》になり、ついたり消《き》えたりをくり返《かえ》す。単体《たんたい》の火《ひ》の玉《たま》のときもある。

ふるまい　夜《よる》の川辺《かわべ》や山《やま》の中腹《ちゅうふく》、田《た》んぼなどで火《ひ》を灯《とも》す。あまり害《がい》はないけれど、単体《たんたい》の火《ひ》の玉《たま》のときは、道《みち》に迷《まよ》わされるなど狐《きつね》に悪《わる》さをされることが多《おお》い。

出没《しゅつぼつ》場所《ばしょ》・時間《じかん》

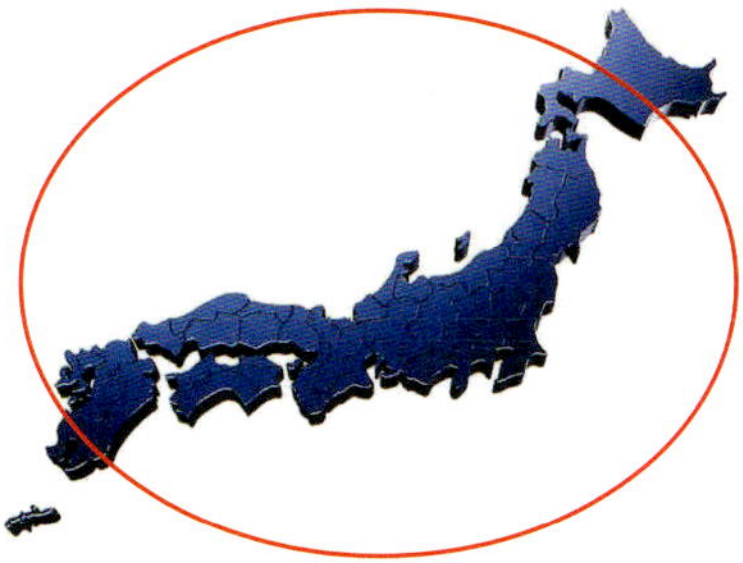

出没地域《しゅつぼつちいき》　沖縄《おきなわ》をのぞいた全国各地《ぜんこくかくち》。

出没場所《しゅつぼつばしょ》　川辺《かわべ》、山《やま》の中腹《ちゅうふく》、田《た》んぼなど。

出没時間《しゅつぼつじかん》　夜《よる》に出没《しゅつぼつ》する。

対策《たいさく》はこれだ!!

◎そんなにこわがらなくていい？　狐火《きつねび》が見《み》えたからといって、とくにこわがることはない。でも、狐火《きつねび》に気《き》を取《と》られているうちに、狐《きつね》に弁当《べんとう》を盗《ぬす》まれたとか、道《みち》に迷《まよ》わされたという話《はなし》もあるから、狐火《きつねび》が見《み》えたら、道《みち》にまよわないよう気《き》をしっかり引《ひ》きしめ、荷物《にもつ》をちゃんと持《も》って、なくさないようにしよう。

◎単体《たんたい》の狐火《きつねび》には注意《ちゅうい》！　土地《とち》によっては、火《ひ》の玉《たま》が一《ひと》つしか出現《しゅつげん》しない狐火《きつねび》もある。その場合《ばあい》、人間《にんげん》をだます気《き》まんまんの狐《きつね》が灯《とも》しているから、見《み》つけたらすぐに逃《に》げ出《だ》そう。どんな悪《わる》さをされるか分《わ》からないよ！

有効《ゆうこう》なアイテム

双眼鏡《そうがんきょう》　狐火《きつねび》は近《ちか》づくと消《き》えてしまう。よく観察《かんさつ》するためにも、双眼鏡《そうがんきょう》があるといいかもしれない。なにか対策《たいさく》に使《つか》えるヒントがつかめるかもしれないよ！

大晦日《おおみそか》に灯《とも》った狐火《きつねび》

　東京都北区《とうきょうときたく》の王子《おうじ》では、昔《むかし》は大晦日《おおみそか》なるとたくさんの狐火《きつねび》が田《た》んぼに灯《とも》ったというよ。近《ちか》くの農家《のうか》は、狐火《きつねび》の多《おお》い少《すく》ないで、翌年《よくとし》の豊作《ほうさく》を占《うらな》ったんだって。

　なぜ大晦日《おおみそか》だけ狐火《きつねび》が灯《とも》ったのかというと、これには王子稲荷《おうじいなり》が関係《かんけい》するんだ。

　昔《むかし》の王子稲荷《おうじいなり》は、東日本《ひがしにほん》の稲荷社《いなりしゃ》の元締《もとじ》めだったという。そのため、大晦日《おおみそか》になると、東日本中《ひがしにほんじゅう》から稲荷《いなり》の家《け》来《らい》である狐《きつね》が王子《おうじ》に集《あつ》まり、田《た》んぼの真《ま》ん中《なか》にあった榎《えのき》の木《き》（装束榎《しょうぞくえのき》）で正装《せいそう》をして、新年《しんねん》とともに王子稲荷《おうじいなり》へ挨拶《あいさつ》をしにいったという。

　狐火《きつねび》は、各地《かくち》から集《あつ》まった狐《きつね》が灯《とも》す火《ひ》だったんだね。

　このいい伝《つた》えをもとに、王子《おうじ》では、大晦日《おおみそか》の夜《よる》に〝狐《きつね》の行列《ぎょうれつ》〟というイベントを行《おこな》っている。装束榎稲荷《しょうぞくえのきいなり》の前《まえ》に集《あつ》まった参加者《さんかしゃ》は、狐《きつね》のお面《めん》をかぶったり、狐《きつね》のメイクをしたりして、年明《としあ》けとともに王子稲荷《おうじいなり》へ初詣《はつもうで》に行《い》くんだよ。毎年《まいとし》あるので、興味《きょうみ》があったら行《い》ってみよう！

毎年大晦日《まいとしおおみそか》に行《おこな》われている、北区王子《きたくおうじ》の狐《きつね》の行列《ぎょうれつ》。狐《きつね》のコスプレをして、王子稲荷《おうじいなり》まで行列《ぎょうれつ》をする、幻想的《げんそうてき》なイベント。一般参加《いっぱんさんか》もOKだ。

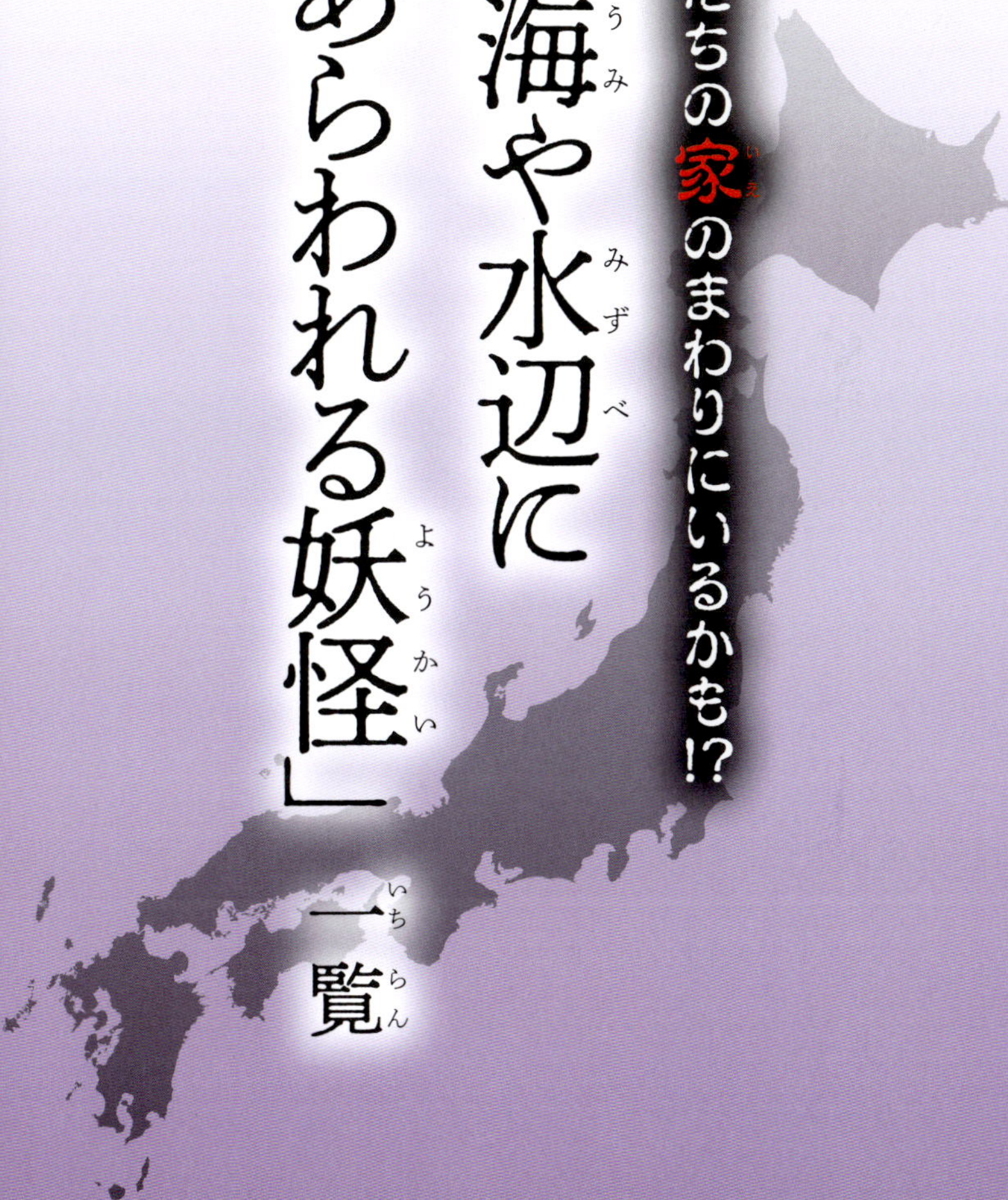

キミたちの家《いえ》のまわりにいるかも!?

県別《けんべつ》「海《うみ》や水辺《みずべ》にあらわれる妖怪《ようかい》」一覧《いちらん》

◎北海道《ほっかいどう》・東北地方《とうほくちほう》

・**パウチ**（**北海道**《ほっかいどう》） ふだんは天界《てんかい》にいて、いつもたくさんの人《ひと》と踊《おど》り、ときおり人間世界《にんげんせかい》の男女《だんじょ》を誘惑《ゆうわく》して踊《おど》りの輪《わ》に加《くわ》える。石狩川《いしかりがわ》の上流《じょうりゅう》・層雲峡《そううんきょう》によくあらわれた。

・**ミンツチ**（**北海道**《ほっかいどう》） 北海道《ほっかいどう》にいる河童《かっぱ》。魚族《さかなぞく》を支配《しはい》していて、漁師《りょうし》に漁運《りょううん》を授《さず》けるが、それと引《ひ》きかえに水死者《すいししゃ》も増《ふ》える。

・**メドチ**（**青森県**《あおもりけん》） 青森県《あおもりけん》でいう河童《かっぱ》のなかま。顔《かお》が赤《あか》く、黒髪《くろかみ》のおかっぱ頭《がしら》をしている。人《ひと》を水中《すいちゅう》に引《ひ》きずりこむと、お尻《しり》から内臓《ないぞう》を引《ひ》き抜《ぬ》いてしまう。

・**亡者船**（**もうじゃぶね**／**青森県**《あおもりけん》） 下北半島《しもきたはんとう》の尻屋崎《しりやざき》に出《で》た船幽霊《ふなゆうれい》の一種《いっしゅ》。人食《ひとく》いサメが化《ふ》けた幻《まぼろし》で、ときおり港《みなと》まで入《はい》ってくる。

・**河童**（**かっぱ**／**岩手県**《いわてけん》） 青森《あおもり》のメドチと同《おな》じく、遠野市《とおのし》あたりの河童《かっぱ》は顔《かお》が赤《あか》いのが特徴《とくちょう》で、猿ケ石川《さるがいしがわ》に多《おお》くいたという。

・**ニイギョ**（**岩手県**《いわてけん》） 普代村黒崎《ふだいむらくろさき》の海中《かいちゅう》にいる妖怪《ようかい》。三歳《さんさい》くらいの人間《にんげん》の子《こ》どものようで、毛《け》の生《は》えた蓑《みの》のようなものを背負《せお》っている。

・**海坊主**（**うみぼうず**／**宮城県**《みやぎけん》） 気仙沼市《けせんぬまし》の大島《おおしま》にあらわれた海坊主《うみぼうず》は、美女《びじょ》に化《ば》けて、一人《ひとり》で船《ふね》に乗《の》っていた男《おとこ》に泳《およ》ぎ比《くら》べをしようとさそったことがある。

・**賢淵の蜘蛛**（**かしこぶちのくも**／**宮城県**《みやぎけん》） 仙台市《せんだいし》を流《なが》れる広瀬川《ひろせかわ》の賢淵《かしこぶち》にいた大蜘蛛《おおぐも》。人《ひと》の足《あし》に何度《なんど》も糸《いと》をひっかけて、一気《いっき》に水中《すいちゅう》に引《ひ》きこんでしまう。

・**小豆とぎ**（**あずきとぎ**／**秋田県**《あきたけん》） 夜《よる》の水辺《みずべ》で小豆《あずき》を洗《あら》う音《おと》を立《た》てる。仙北市角館町《せんぼくしかくのだてまち》では蝦蟇《がま》のしわざとされていて、蝦蟇《がま》が体《からだ》をゆする音《おと》が原因《げんいん》だという。

・**河熊**（**かわくま**／**秋田県**《あきたけん》） 雄物川《おものがわ》にすみつく正体不明《しょうたいふめい》の妖怪《ようかい》。昔《むかし》、毛《け》むくじゃらの手《て》をあらわして、船《ふね》で猟《りょう》をしていた秋田《あきた》の殿《との》さまの鉄砲《てっぽう》をうばったことがある。

・**オーバコ**（**山形県**《やまがたけん》）飛島《とびしま》あたりの海《うみ》にあらわれた船幽霊《ふなゆうれい》の一種《いっしゅ》。船《ふね》にまとわりつかれると柄杓《ひしゃく》をくれといわれ、柄杓《ひしゃく》を渡《わた》すと水《みず》を入《い》れられて沈没《ちんぼつ》する。

・**川わらす**（**かわわらす**／**山形県**《やまがたけん》）山形県《やまがたけん》でいう河童《かっぱ》のなかま。最上川《もがみがわ》にはたくさんの川《かわ》わらすがいて、尾花沢《おばなざわ》の毒沢《どくさわ》あたりでは渦《うず》を巻《ま》かせて人《ひと》をおぼれさせたという。

・**いなだ貸せ**（**いなだかせ**／**福島県**《ふくしまけん》）福島県《ふくしまけん》の海《うみ》に出現《しゅつげん》した船幽霊《ふなゆうれい》。あらわれたときは底《そこ》を抜《ぬ》いたイナダ（柄杓《ひしゃく》）を貸《か》さないと、水《みず》を入《い》れられて沈没《ちんぼつ》する。

・**瀬女**（**せおんな**／**福島県**《ふくしまけん》）福島市《ふくしまし》を流《なが》れる阿武隈川《あぶくまがわ》に、夜《よる》になると出現《しゅつげん》。川《かわ》の瀬《せ》にぼうっとした女《おんな》がたたずむという。

◎関東地方《かんとうちほう》

・**河童**（**かっぱ**／**茨城県**《いばらきけん》）茨城県内《いばらきけんない》のあちこちに出没《しゅつぼつ》。とくに利根川《とねがわ》には、ネネコという女《おんな》の親分河童《おやぶんかっぱ》がいて、イタズラをくり返《かえ》した。

・**手長婆**（**てながばばあ**／**茨城県**《いばらきけん》）井戸《いど》や池《いけ》の底《そこ》にいて、子《こ》どもが水辺《みずべ》で遊《あそ》んでいると、長《なが》い手《て》だけをのばして水中《すいちゅう》に引《ひ》きずりこむ。

・**小豆とぎ婆様**（**あずきとぎばばさま**／**栃木県**《とちぎけん》）小豆《あずき》とぎ婆《ばばあ》とも。水辺《みずべ》で小豆《あずき》を洗《あら》う音《おと》を立《た》てる妖怪《ようかい》。佐《さ》野《の》市《し》では龍江院《りゅうこういん》にあったカテキ様《さま》という像《ぞう》が正体《しょうたい》とされた。

・**七尋蛙**（**ななひろがえる**／**栃木県**《とちぎけん》）栃木市大平町《とちぎしおおひらまち》にあった城《しろ》の堀《ほり》にいた蛙《かえる》で、その鳴《な》き声《ごえ》は、一《いち》ヒロ、二《に》ヒロと数《かぞ》えて七《なな》ヒロまで数《かぞ》えるとキャーと悲鳴《ひめい》をあげる。

・**船幽霊**（**ふなゆうれい**／**群馬県**《ぐんまけん》）海《うみ》のない群馬県《ぐんまけん》では、高崎市倉賀野《たかさきしくらがの》あたりを流《なが》れる烏川《からすかわ》に出現《しゅつげん》。海《うみ》の船幽霊《ふなゆうれい》と同《おな》じく、柄杓《ひしゃく》を貸《か》せといってあらわれる。

・**小豆とぎ婆さん**（**あずきとぎばあさん**／**群馬県**《ぐんまけん》）小豆洗《あずきあら》いのなかま。高崎城《たかさきじょう》の堀《ほり》ばたで「小豆磨《あずきと》ぎやしょか、人取《ひとと》って食《く》いやしょか、しょきしょき」と歌《うた》った。

・**小豆投げ**（あずきなげ／埼玉県《さいたまけん》）秩父地方《ちちぶちほう》の妖怪《ようかい》で、小豆夜投《あずきよるな》げともいう。小豆洗《あずきあら》いとはちがい、夜《よる》の川《かわ》で小豆《あずき》を投《な》げるような音《おと》を立《た》てて人《ひと》をおどろかす。

・**河童**（かっぱ／埼玉県《さいたまけん》）埼玉県各地《さいたまけんかくち》に出現《しゅつげん》。入間郡越生町《いるまぐんおごせまち》には越辺《おっぺ》の平四郎《へいしろう》、比企郡川島町《ひきぐんかわじままち》には伊草《いぐさ》の袈裟坊《けさぼう》といった名《な》のある河童《かっぱ》がいたという。

・**川蛍**（かわぼたる／千葉県《ちばけん》）ホタルの光《ひかり》に似《に》た火《ひ》の玉《たま》で、夏《なつ》から秋《あき》の雨《あめ》の降《ふ》る日《ひ》にいくつもあらわれて印旛沼《いんばぬま》を飛《と》びまわる。

・**モウレンヤッサ**（千葉県《ちばけん》）銚子市《ちょうしし》の海《うみ》にあらわれた船幽霊《ふなゆうれい》の一種《いっしゅ》。「モウレン、ヤッサ、モウレン、ヤッサ、いなが（柄杓《ひしゃく》）貸《か》せぇえ」という声《こえ》とともに出現《しゅつげん》。

・**小豆洗い**（あずきあらい／東京都《とうきょうと》）江戸《えど》のあちこちに出現《しゅつげん》。新宿区《しんじゅくく》では小豆婆《あずきばばあ》とよび、原町《はらのまち》の緑雲寺《りょくうんじ》の門前《もんぜん》の小川《おがわ》で、小豆《あずき》を洗《あら》う音《おと》を立《た》てた。

・**河童**（かっぱ／東京都《とうきょうと》）江戸時代《えどじだい》の江戸《えど》にはあちこちに池《いけ》や堀《ほり》があり、河童《かっぱ》がすみついていた。新宿区《しんじゅくく》の合羽坂《かっぱざか》や文京区《ぶんきょうく》の禿坂《かむろざか》は、河童《かっぱ》がいたことに関係《かんけい》する地名《ちめい》。

・**狐っ火**（きつねっぴ／神奈川県《かながわけん》）神奈川県各地《かながわけんかくち》で目撃《もくげき》される。川崎市《かわさきし》では多摩川《たまがわ》の土手《どて》でよく目撃《もくげき》された。

・**川天狗**（神奈川県《かながわけん》）津久井郡《つくいぐん》の方《ほう》では、夜《よる》、川《かわ》へ漁《りょう》に行《い》くと、大《おお》きな火《ひ》の玉《たま》が転《ころ》がることがある。これは川天狗《かわてんぐ》のしわざだという。

◎中部地方《ちゅうぶちほう》

・**大蝦蟇**（おおがま／新潟県《にいがたけん》）五泉市《ごせんし》の川《かわ》には、岩《いわ》と見《み》まちがえるような大《おお》きな蝦蟇《がま》がいた話《はなし》がある

・**タテエボシ**（新潟県《にいがたけん》）佐渡島《さどがしま》の海《うみ》にあらわれる妖怪《ようかい》。海上《かいじょう》に突然《とつぜん》たかだかと立《た》ち上《あ》がり、船《ふね》にたおれこんでくる。

・**カブソ**（富山県《とやまけん》）富山県《とやまけん》でいう河童《かっぱ》のなかま。河童《かっぱ》と同《おな》じようなイタズラをする。老人《ろうじん》の前《まえ》には子《こ》どもに化《ば》けてあらわれ、男《おとこ》の前《まえ》には女性《じょせい》の姿《すがた》で出《で》てきてからかう。

- **ガメ**（**富山県**《とやまけん》）　富山県《とやまけん》でいう河童《かっぱ》のなかま。スッポンのような姿《すがた》で、ガメが千年生《せんねんい》きると河原坊主《かわらぼうず》という河童《かっぱ》に変身《へんしん》するという。
- **川獺**（**かわうそ**／**石川県**《いしかわけん》）　能登半島《のとはんとう》では、二十歳《はたち》くらいの美女《びじょ》に化《ば》けて出《で》てきて、誰《だれ》だと声《こえ》をかけると「オラヤ」といえずに「アラヤ」と答《こた》える。
- **浜姫**（**はまひめ**／**石川県**《いしかわけん》）　加賀市《かがし》の海岸《かいがん》にあらわれた磯女《いそおんな》のなかま。その美《うつく》しさに見《み》とれていると影《かげ》をのまれる。影《かげ》をのまれた人《ひと》は死《し》んでしまうという。
- **海海女**（**うみあま**／**福井県**《ふくいけん》）　坂井市《さかいし》で潜水漁《せんすいりょう》をする海女《あま》がよく目撃《もくげき》する。海女《あま》と同《おな》じかっこうで海中《かいちゅう》にいるけれど、はっきりと姿《すがた》が見《み》えない。目撃《もくげき》すると病気《びょうき》になる。
- **人魚**（**にんぎょ**／**福井県**《ふくいけん》）　昔《むかし》、若狭《わかさ》の海《うみ》にあらわれた、半人半魚《はんにんはんぎょ》の妖怪《ようかい》。人魚《にんぎょ》の肉《にく》は不老長寿《ふろうちょうじゅ》とされ、それを食《た》べた少女《しょうじょ》は八百歳《はちびゃくさい》まで生《い》きたという。
- **かに坊主**（**かにぼうず**／**山梨県**《やまなしけん》）　山梨市《やまなしし》の無人《むじん》の寺《てら》にいた巨大《きょだい》な沢《さわ》ガニ。人《ひと》に化《ば》け、寺《てら》に来《く》る人《ひと》に問答《もんどう》をしかける。答《こた》えられないと殺《ころ》して食《た》べていた。
- **カンチキ**（**山梨県**《やまなしけん》）　道志村《どうしむら》でいう河童《かっぱ》のなかま。背中《せなか》にこうらがあり、顔《かお》は烏天狗《からすてんぐ》のよう。人《ひと》が川《かわ》に落《お》ちると、あっという間《ま》に尻《しり》から内臓《ないぞう》を出《だ》して食《た》べてしまう。
- **赤子**（**あかご**／**長野県**《ながのけん》）　大町市《おおまちし》の木崎湖《きざきこ》にいた妖怪《ようかい》で悪《わる》さはしない。赤《あか》い色《いろ》をした十一歳《じゅういっさい》くらいの子《こ》どものようで、水中《すいちゅう》にいるのをよく漁師《りょうし》が目撃《もくげき》したという。
- **小豆とぎ**（**あずきとぎ**／**長野県**《ながのけん》）　小豆洗《あずきあら》いのなかま。南佐久郡《みなみさくぐん》の小豆《あずき》とぎは、「小豆《あずき》とぎやしょか人取《ひとと》って食《しょく》いやしょか、しょきしょき」などと歌《うた》った。
- **岩魚坊主**（**いわなぼうず**／**岐阜県**《ぎふけん》）　中津川市《なかつがわし》の山中《さんちゅう》にあらわれた、年《とし》を取《と》って巨大化《きょだいか》した岩魚《いわな》。僧《そう》に化《ば》け、川《かわ》で漁《りょう》をする者《もの》に殺生《せっしょう》をするなと話《はな》しかけてくる。
- **カワエロ**（**岐阜県**《ぎふけん》）　揖斐川町《いびがわちょう》でいう河童《かっぱ》のなかま。水中《すいちゅう》にいるときは姿《すがた》を見《み》せることはなく、陸《りく》に上《あ》がるとよく顔《かお》が白《しろ》くまゆ毛《げ》が黒《くろ》い猿《さる》によく化《ば》ける。

・**洗濯狐**（**せんたくぎつね／静岡県《しずおかけん》**） 浜松市浜北区《はままつしはまきたく》の平釜川《ひらかまがわ》で、夜《よる》になるとジャブジャブと洗濯《せんたく》をする音《おと》を立《た》てる狐《きつね》。

・**浪小僧**（**なみこぞう／静岡県《しずおかけん》**） 海《うみ》にすむ河童《かっぱ》のなかま。昔《むかし》、少年《しょうねん》に命《いのち》を助《たす》けてもらったお礼《れい》として、海《うみ》鳴《な》りが聞《き》こえる方向《ほうこう》で天気予報《てんきよほう》ができるようにしてくれた。

・**磯天狗**（**いそてんぐ／愛知県《あいちけん》**） 佐久島《さくしま》あたりの磯《いそ》で、夜《よる》、あやしい火《ひ》が灯《とも》ることがある。これは磯天狗《いそてんぐ》のしわざとされた。

・**やろか水**（**やろかみず／愛知県《あいちけん》**） 大雨《おおあめ》のときなど、川《かわ》の上流《じょうりゅう》から「やろうか、やろうか」と声《こえ》を出《だ》す。これに「寄《よ》こせ」と答《こた》えると、たちまち洪水《こうずい》をおこす。

◎近畿地方《きんきちほう》

・**尻小法師**（**しりこぼし／三重県《みえけん》**） 志摩市《しまし》でいう、海《うみ》に出現《しゅつげん》する河童《かっぱ》のなかま。名前《なまえ》は、尻《しり》から内臓《ないぞう》を抜《ぬ》こうとしていつも人間《にんげん》の尻《しり》をねらっていることからつけられた。

・**共潜き**（**ともかづき／三重県《みえけん》**） 志摩市《しまし》あたりでいう海中《かいちゅう》の妖怪《ようかい》。海女《あま》そっくりな姿《すがた》をしていて、潜水漁《せんすいりょう》をする海女《あま》をおぼれさせようとする。

・**ガタロウ**（**滋賀県《しがけん》**） 大津市《おおつし》あたりでは琵琶湖《びわこ》にいる河童《かっぱ》をガタロウとよぶ。盆《ぼん》をすぎたころになると堅《かた》田沖《だおき》にガタロウが集《あつ》まるので、子《こ》どもは水遊《みずあそ》びを禁《きん》じられた。

・**フクマカブセ**（**滋賀県《しがけん》**） 甲賀市信楽町《こうかししがらきちょう》の川《かわ》べりや橋《はし》のたもとにいて、夜道《よみち》を歩《ある》く人《ひと》に布《ぬの》のようなものをかぶせる。そうやって目《め》を見《み》えなくし、人《ひと》を川《かわ》へ落《お》とすという。

・**牛鬼**（**うしおに／京都府《きょうとふ》**） 福知山市三和町《ふくちやましみわちょう》にある王歳神社《おうとしじんじゃ》近《ちか》くの川《かわ》ぞいに出現《しゅつげん》。よく人《ひと》の後《うし》ろを追《お》いかけてこわがらせた。

・**河太郎**（**かわたろう／京都府《きょうとふ》**） 京都府《きょうとふ》でいう河童《かっぱ》のなかま。コブシ（モクレン科《か》の植物《しょくぶつ》）がきらいなので、イカダ乗《の》りはコブシの竿《さお》を使《つか》って河太郎除《かわたろうよ》けにした。

・**海坊主**（うみぼうず／大阪府《おおさかふ》） 貝塚市《かいづかし》にあらわれた海坊主《うみぼうず》は、ある時期《じき》なると浜辺《はまべ》までやってきて、三日間《みっかかん》ほどすると沖《おき》へと帰《かえ》るという。

・**ガタロ**（大阪府《おおさかふ》） 大阪府《おおさかふ》でいう河童《かっぱ》のなかま。大阪市中央区《おおさかしちゅうおうく》を流《なが》れる東横堀川《ひがしよこほりかわ》の本町《ほんまち》の曲《ま》がりという場所《ばしょ》には、ガタロがいて人《ひと》を引《ひ》きこむといわれた。

・**油返し**（あぶらかえし／兵庫県《ひょうごけん》） 伊丹市《いたみし》の昆陽池《こやいけ》あたりに出《で》たあやしい火《ひ》。池《いけ》のほとりから天神川《てんじんがわ》を通《とお》って宝塚市《たからづかし》の中山寺《なかやまでら》まで移動《いどう》するという。

・**キャツ**（兵庫県《ひょうごけん》） 姫路市《ひめじし》の海《うみ》にあらわれるあやしい火《ひ》。遭難事故《そうなんじこ》で死《し》んだ船乗《ふなの》りの亡魂《ぼうこん》が正体《しょうたい》といわれ、帆《ほ》かけ船《ぶね》に化《ば》けることもある。

・**ガンタロ**（奈良県《ならけん》） 吉野地方《よしのちほう》でいう河童《かっぱ》のなかま。冬《ふゆ》になると山《やま》に移動《いどう》し、ヤマ（山《やま》）タロに変身《へんしん》するといわれている。春《はる》にはまた川《かわ》へもどる。

・**三の丸蛙**（さんのまるがえる／奈良県《ならけん》） 大和郡山市《やまとこおりやまし》の郡山城《こおりやまじょう》の三《さん》の丸《まる》あたりに、梅雨《つゆ》になるとあらわれる小《ち》さな蛙《かえる》。処刑《しょけい》された人《ひと》たちの怨念《おんねん》が蛙《かえる》になったもの。

・**牛鬼**（うしおに／和歌山県《わかやまけん》） 滝《たき》や淵《ふち》にすむ牛《うし》のような妖怪《ようかい》。人間《にんげん》に直接《ちょくせつ》おそいかかるほか、影《かげ》をなめることで殺《ころ》したり、出会《であ》っただけで病気《びょうき》にしたりする。

・**甲羅法師**（こうらぼし／和歌山県《わかやまけん》） 白浜町《しらはまちょう》あたりでいう河童《かっぱ》のなかま。白良浜《しららはま》で甲羅法師《こうらほうし》と相撲《すもう》を取《と》った人《ひと》の話《はなし》があり、その由来《ゆらい》を書《か》いた石碑《せきひ》が白良浜《しららはま》の松林《まつばやし》にある。

◎中国《ちゅうごく》・四国地方《しこくちほう》

・**海坊主**（うみぼうず／鳥取県《とっとりけん》） 米子《よなご》の海岸《かいがん》にあらわれた海坊主《うみぼうず》は、力自慢《ちからじまん》の男《おとこ》にもたれかかったところを捕《つか》まえられた。体《からだ》がとてもヌルヌルしていたという。

・**大はんざき**（おおはんざき／鳥取県《とっとりけん》） 江府町《こうふちょう》を流《なが》れる日野川《ひのがわ》の会見ヶ淵《あいみがふち》にいた巨大《きょだい》なはんざき（オオサンショウウオ）。人《ひと》をおそって食《た》べていた。

- **牛鬼**（うしおに／島根県《しまねけん》） 石見地方《いわみちほう》の牛鬼《うしおに》は、最初《さいしょ》は海《うみ》から磯女《いそおんな》があらわれ、次《つ》いで牛鬼《うしおに》が出《で》て人《ひと》をおそう。雨降《あめふ》りの夜《よる》に蓑《みの》や笠《かさ》にまとわりつく火《ひ》も牛鬼《うしおに》という。
- **影わに**（かげわに／島根県《しまねけん》） 大田市温泉津町《おおだしゆのつちょう》の海《うみ》にあらわれるサメの一種《いっしゅ》。海《うみ》に映《うつ》った影《かげ》をこのサメにのまれると、その人《ひと》は死《し》んでしまう。
- **鯰狐**（なまずぎつね／岡山県《おかやまけん》） 夜《よる》の小川《おがわ》で、ガボガボと大《おお》きな魚《さかな》がいる音《おと》を立《た》てて人《ひと》をからかう。年《とし》を取《と》った鯰《なまず》のイタズラだという。
- **ヌラリヒョン**（岡山県《おかやまけん》） 備讃瀬戸《びさんせと》あたりに出没《しゅつぼつ》する海坊主《うみぼうず》。人《ひと》の頭《あたま》のようなものが海《うみ》にピョンと出《で》て、取《と》ろうとするとヌラリとしずむ。こうやって人《ひと》をからかう。
- **エンコウ**（広島県《ひろしまけん》） 広島県《ひろしまけん》をふくむ中国《ちゅうごく》・四国地方《しこくちほう》でいう河童《かっぱ》のなかま。広島市内《ひろしましない》の猿猴川《えんこうがわ》のエンコウは、老婆《ろうば》や若《わか》い女《おんな》に化《ば》けて男《おとこ》をだますという。
- **川獺**（かわうそ／広島県《ひろしまけん》） 広島市《ひろしまし》でいう河童《かっぱ》のなかま。河童《かっぱ》と同《おな》じような悪《わる》さをするほか、よく大坊主《おおぼうず》に化《ば》けて人《ひと》をおどろかしたという。
- **虚空太鼓**（こくうだいこ／山口県《やまぐちけん》） 屋代島《やしろじま》あたりの海《うみ》では、六月《ろくがつ》ごろに海《うみ》から太鼓《たいこ》の音《おと》が聞《き》こえることがある。海難事故《かいなんじこ》で死《し》んだ旅芸人一座《たびげいにんいちざ》の亡魂《ぼうこん》のしわざという。
- **幽霊船**（ゆうれいせん／山口県《やまぐちけん》） 平郡島《へいぐんとう》の海《うみ》には、夜《よる》になるとこうこうと明《あ》かりを灯《とも》した大型船《おおがたせん》があらわれた。昔沈《むかししず》んだ大阪丸《おおさかまる》という船《ふね》の幽霊船《ゆうれいせん》といわれる。
- **一本足**（いっぽんあし／徳島県《とくしまけん》） 海部郡《かいふぐん》の海辺《うみべ》に出没《しゅつぼつ》。朝《あさ》の海岸《かいがん》の波打《なみう》ち際《ぎわ》から少《すこ》しはなれたところに、一本足《いっぽんあし》の足跡《あしあと》を残《のこ》す。本来《ほんらい》は山《やま》にすんでいる妖怪《ようかい》。
- **イドヌキ**（徳島県《とくしまけん》） 美馬郡《みまぐん》のあたりでいう河童《かっぱ》のなかま。イドとは尻《しり》の方言《ほうげん》なので、尻《しり》から内臓《ないぞう》を取《と》る妖怪《ようかい》という意味《いみ》の名前《なまえ》。
- **川女郎**（かわじょろう／香川県《かがわけん》） 坂出市《さかいでし》のあたりで、大雨《おおあめ》で洪水《こうずい》が出《で》そうになるとあらわれる。堤《つつみ》が切《き》れそうになると「家《いえ》が流《なが》れるわ」と泣《な》き声《ごえ》をあげる。

・**ショウカラビー**（香川県《かがわけん》）　小豆島《しょうどしま》でいう船幽霊《ふなゆうれい》の一種《いっしゅ》。雨《あめ》が降《ふ》り出《だ》した夕方《ゆうがた》、漁《りょう》をしていると、漁師《りょうし》の船《ふね》そっくりの船《ふね》となってあらわれて、「柄杓《ひしゃく》をかせ」という。

・**シラミ**（愛媛県《えひめけん》）　宇和島市《うわじまし》の海《うみ》に出《で》る妖怪《ようかい》。夜《よる》、海中《かいちゅう》に白《しろ》く光《ひか》るものがあらわれ、船《ふね》のまわりをおよぎまわる。海《うみ》で死《し》んだ人《ひと》の霊《れい》が正体《しょうたい》といわれる。

・**濡れ女子**（ぬれおなご／愛媛県《えひめけん》）　松山市《まつやまし》や宇和島市《うわじまし》の磯辺《いそべ》にあらわれる、びしょ濡《ぬ》れの怪女《かいじょ》。人《ひと》を見《み》ればニタリと笑《わら》い、うっかり笑《わら》い返《かえ》すと一生《いっしょう》つきまとわれる。

・**遊び火**（あそびび／高知県《こうちけん》）　海上《かいじょう》や町中《まちなか》にあらわれる火《ひ》。目《め》の前《まえ》にあるかと思《おも》えば、あっという間《ま》に遠《とお》くにはなれ、いくつも分《わ》かれたり、まとまったりする。人《ひと》に害《がい》はない。

・**七人みさき**（しちにんみさき／高知県《こうちけん》）　七人一組《しちにんひとくみ》で動《うご》きまわる死霊《しりょう》。水辺《みずべ》に来《く》る人《ひと》を病死《びょうし》させる。新《あら》たに死《し》んだ人《ひと》と入《い》れ替《か》わりで、七人《しちにん》のうち一人《ひとり》が成仏《じょうぶつ》するという。

◎九州《きゅうしゅう》・沖縄地方《おきなわちほう》

・**川姫**（かわひめ／福岡県《ふくおかけん》）　築上郡《ちくじょうぐん》の川姫《かわひめ》はとても美《うつく》しい女性《じょせい》で、ぼうっと見《み》とれていると精気《せいき》を抜《ぬ》かれてしまう。川姫《かわひめ》だと分《わ》かったら見《み》ないことが一番《いちばん》の方法《ほうほう》。

・**迷い船**（まよいぶね／福岡県《ふくおかけん》）　遠賀郡《おんがぐん》や宗像市《むなかたし》の海《うみ》でいう船幽霊《ふなゆうれい》の一種《いっしゅ》。風《かぜ》に逆《さか》らって進《すす》む帆船《はんせん》となってあらわれたり、話《はな》し声《ごえ》だけを夜《よる》の海上《かいじょう》でひびかせたりする。

・**ダキ**（佐賀県《さがけん》）　加唐島《かからしま》に出現《しゅつげん》した怪女《かいじょ》。夜《よる》の海岸《かいがん》をうろつき、野宿《のじゅく》をする人《ひと》がいると食《た》べ物《もの》をねだる。食《た》べ物《もの》がなくなると、人間《にんげん》におそいかかるという。

・**カワソウ**（佐賀県《さがけん》）　佐賀県《さがけん》でいう河童《かっぱ》のなかま。佐賀県《さがけん》の河童《かっぱ》のなかまは、なべについた煤《すす》がきらいなので、川遊《かわあそ》びのときは顔《かお》に煤《すす》をぬればおそわれないという。

・**イシナゲンジョ**（長崎県《ながさきけん》）　西海市江島《せいかいしえのしま》の海《うみ》に出現《しゅつげん》。五月《ごがつ》のもやが出《で》る晩《ばん》に漁《りょう》をしている人《ひと》がいると、とつぜん岩《いわ》が崩《くず》れる大《おお》きな音《おと》を立《た》てておどろかす。

・**磯女**（いそおんな／長崎県《ながさきけん》）　雲仙市《うんぜんし》あたりの磯女《いそおんな》は、砂浜《すなはま》にあらわれる美女《びじょ》で、男《おとこ》が近《ちか》づくとするどいさけび声《こえ》をあげて、長《なが》い髪《かみ》の毛《け》の先《さき》で血《ち》を吸《す》ってしまう。

・**磯女**（いそおんな／熊本県《くまもとけん》）　天草市《あまくさし》の磯女《いそおんな》は、夜《よる》、港《みなと》に停泊中《ていはくちゅう》の船《ふね》に入《はい》りこみ、髪《かみ》の毛《け》の先《さき》を使《つか》って寝《ね》ている船乗《ふなの》りの血《ち》を吸《す》う。血《ち》を吸《す》われた者《もの》は死《し》んでしまう。

・**ガワッパ**（熊本県《くまもとけん》）　熊本市西区《くまもとしにしく》あたりでいう河童《かっぱ》のなかま。三《さん》、四歳《よんさい》くらいの子《こ》どものようで、相撲《すもう》が大好《だいす》き。金物《かなもの》がきらいで、金物《かなもの》にふれたところはくさるという。

・**小豆洗い**（あずきあらい／大分県《おおいたけん》）　大分県《おおいたけん》の小豆洗《あずきあら》いは、川《かわ》や池《いけ》のほか、小《ちい》さなみぞのように水路《すいろ》にもあらわれ、夜《よる》になると小豆《あずき》を洗《あら》う音《おと》を立《た》てる。

・**川姫**（かわひめ／大分県《おおいたけん》）　中津市《なかつし》に出没《しゅつぼつ》した川姫《かわひめ》は、川《かわ》の水面《すいめん》をさらさらと歩《ある》くほど身軽《みがる》で、川《かわ》から橋《はし》の上《うえ》など軽《かる》くジャンプできる。よく人《ひと》にイタズラをする。

・**ガグレ**（宮崎県《みやざきけん》）　都城市《みやこのじょうし》あたりでいう河童《かっぱ》のなかま。とても耳《みみ》がよく、遠《とお》くはなれた人間《にんげん》の話《はな》し声《ごえ》も聞《き》き取《と》ることが出来《でき》るという。

・**ヒョウズンボ**（宮崎県《みやざきけん》）　西都市《さいとし》あたりでいう河童《かっぱ》のなかま。春《はる》に山《やま》から川《かわ》へ来《き》て、秋《あき》にまた山《やま》へ帰《かえ》る。移動《いどう》するときは「ヒョウ、ヒョウ」と声《こえ》を出《だ》す。

・**海塞ぎ**（うみふさぎ／鹿児島県《かごしまけん》）　奄美大島《あまみおおしま》の沖《おき》で船《ふね》をこいでいると、いつの間《ま》にか前方《ぜんぽう》をふさぐ山《やま》があらわれる。あわてず目《め》をつぶり、念仏《ねんぶつ》をとなえると消《き》えるという。

・**ケンムン**（鹿児島県《かごしまけん》）　奄美大島《あまみおおしま》でいう河童《かっぱ》のような妖怪《ようかい》。木《き》の精霊《せいれい》ともいわれる。山《やま》で道《みち》に迷《まよ》わせたり、なにかに化《ば》けてだましたりと、人《ひと》をからかうのが大好《だいす》き。

・**キジムナー**（沖縄県《おきなわけん》）　河童《かっぱ》のような妖怪《ようかい》で、ブナガヤともいう。全身真《ぜんしんま》っ赤《か》な子《こ》どものような姿《すがた》で、夜《よ》道《みち》を歩《ある》く人《ひと》によくイタズラをする。火《ひ》の玉《たま》に変身《へんしん》することも。

・**マー**（沖縄県《おきなわけん》）　久米島《くめじま》の川《かわ》や池《いけ》にいる妖怪《ようかい》。近《ちか》づいた人《ひと》を引《ひ》きこもうとする。正体《しょうたい》は川《かわ》や池《いけ》でおぼれ死《し》んだ人《ひと》の霊《れい》だといわれている。

村上健司（むらかみ　けんじ）

1968年、東京生まれ。全国の妖怪伝説地を訪ね歩くライター。世界妖怪協会、お化けの友会員。古典遊戯研究会紙舞会員。著書、編著書は、『妖怪事典』（毎日新聞社）、『怪しくゆかいな妖怪穴』（毎日新聞社）、『怪しくゆかいな妖怪穴2　妖怪百貨店別館』（毎日新聞社）、『日本妖怪散歩』（角川書店）、『日本妖怪大事典』（角川書店）、『妖怪探検図鑑』シリーズ全二巻（あかね書房）、『10分、おばけどき』シリーズ全三巻（あかね書房）など多数。

山口まさよし

長崎県生まれ。こどもの本を中心に物語挿絵の他、生き物・自然をテーマにイラストを制作している。おもな作品に「はっけんずかん どうぶつ」「はっけんずかん きょうりゅう」（学研）、「The Gift～女神の花アプロディア」（全日出版）、「ドン・ロドリゴの幸運」「はるかなる絆のバトン」（汐文社）、「おちばのプール」（子どもの未来社）などがある。日本児童出版美術家連盟会員。

もしものときの妖怪たいさくマニュアル
海や水辺にあらわれる妖怪

発行　2018年9月　初版第1刷発行

著　者　村上健司
　絵　　山口まさよし
発行者　小安宏幸
発行所　株式会社汐文社
　　　　東京都千代田区富士見1-16-1　〒102-0071
　　　　電話：03-6862-5200　FAX：03-6862-5202
　　　　URL：http://www.choubunsha.com
制　作　株式会社明昌堂
印　刷　新星社西川印刷株式会社
製　本　東京美術紙工協業組合

ISBN978-4-8113-2521-7　　NDC387